Entre Pausas e Reticências...

Karla Fioravante

ENTRE PAUSAS E RETICÊNCIAS...
Crônicas

2ª Edição Revisada

FICHA CATALOGRÁFICA

Fioravante, Karla
Entre pausas e reticências... / Karla Fioravante. / São Paulo, SP:
2021.152 p.

ISBN 978-65-00-22455-9

1. Crônicas Brasileiras. Literatura Brasileira. I. Título

____

Sumário

Para Helena, de olhar profundo.
Mulher que primeiro me viu.

PREFÁCIO

Naquela noite em que terminei a leitura destas páginas, emudeci como há tempos não o fazia. Tudo em mim era silêncio. Calado, como se quisesse sair na escuridão à procura de mim mesmo, aquietei o pensamento e deixei-me levar pelo sentir. Confesso que chorei suavemente, como fazem os que se redescobrem, num determinado momento da vida.

Assim, as palavras banhadas em poesia trouxeram-me, como num instante mágico, a delicadeza e a profundidade que a minha alma inquieta buscava. Tenho voltado várias vezes à fonte para saciar a minha sede. E, em cada regresso, as palavras mostram-se novas e incessantemente grávidas de possibilidades.

Alegro-me ao constatar que a autora consegue provocar experiências com as palavras. Não sei ao certo se isso se deve à arte que ela cultiva como interioridade ou a um dom dado como missão. Apenas sei que esta obra tornou-se, para mim, uma fonte de inspiração e uma agradável companheira de viagem.

Nas suas asas, tenho visitado lugares desconhecidos, recordado sonhos deixados em algum passado distante, acreditado no poder do amor como resposta às questões da existência.

Enfim, este livro é um tributo aos que têm a coragem de buscar a verdade. Por isso, tenho me deixado inebriar por seus encantos.

Boa leitura!

Dalcides Biscalquin

Não me lembro o que me levou a escrever. Quando olhei para todos os meus escritos, pensei: "A linguagem poderia ser diferente, a mensagem poderia ser diferente, as palavras, enfim...". Mas, já que o tem nas mãos, eu gostaria de dizer do meu coração para o seu: as palavras são frutos de uma vivência, as frases são vividas dia após dia, e os fatos realmente aconteceram e acontecem. Minha tentativa foi desabafar algo que, por vezes, eu não saberia verbalizar com tanta fluência. Sou apenas alguém que observa as pessoas, as suas formas de viver, suas expressões verbais e não verbais. Tais escritos são fragmentos de mim, transcritos no decorrer de alguns anos... Bem, vou deixar a opinião em suas mãos, pois algo fez você adquirir este livro.

Meu verdadeiro e significativo ideal era chegar a algum lugar, e eu cheguei até você! Agora somos cúmplices de algo que está em nós... Uma amizade que talvez eu nem saiba ser em reciprocidade, mas até aí estão as minhas expectativas naquilo que ainda não sei aonde chegou, porém, existe um aspecto que nos une...

Um brinde para uma história que acaba de nascer: a nossa!

Karla Fioravante
Se fosse para ser igual,
por que haveria de começar diferente?

PLURALIDADES

Meus dedos escolheram digitar... Decidi dar ênfase à razão de estar aqui, como um sentido de exercer a liberdade de poder manifestar aquilo que se passa em mim. Assumir uma transformação do mundo interno em externo em questão de minutos, como se isso me tornasse mais leve. Sem função, construir algo, ou algum tipo de pensamento. Apenas no que considero observável... E, ainda bem que o faço! Ainda bem que posso vislumbrar tantas situações e dizer que não sou a única a viver algumas, tendo em mim a possibilidade verídica de crítica, sem temor, não apenas na intencionalidade de identificação, mas na simples e direta forma de expressão.

Não quero produzir ideias, nem idealismo, ilusão do real, nada. Não levanto bandeiras. A verdade pode ser plural, e me soa muito como um ínfimo lugar no universo. Lugar de passagem! É isso que a cada dia consigo concluir. O que ocorre conosco em relação ao que somos? Pensar e sentir a vida... Saber-me indivíduo, cheio de expectativas, vivências, loucuras, estruturando-me para, num momento semilivre, desestruturar-me! Eis a finitude humana.

Não espere nada de mim, a não ser o que sou. Por vezes, agrado, por outras, não! Ora sou processo, ora estrutura, ora manifestação, ora relação, ora conteúdo, ora experiência. Tenho um intuito de contar segredos a mim, principalmente aqueles que ainda não tive coragem de me contar. Fenômeno humano de ser "eu"... Se o fizer, farei na capacidade de me assumir frágil. Logo, enclausuro-me...

O que me é possível, em maioria, são estimulações e treinos... Ora acerto. Ora erro. O que há de mal em viver os dois caminhos passíveis de me formar? Não tenho acesso a condições necessárias para acertar ou errar. Estou aprendendo. Tenho, portanto, a possibilidade de, com ambos (certo e errado), escolher que caminho vou trilhar. Fui criança, cresci e estou aqui. Tenho alguns lapsos de voltar a tal etapa! Vontade de permanecer em posição fetal. Medo do desconhecido.

Sou indivíduo trilhando um caminho... Sujeito e predicado da minha própria vida.

Se você passar por aqui, posso caminhar junto, na escolha livre de lhe fazer companhia... Se precisar de uma mão amiga, posso estender a minha. Às vezes, vou buscar a sua para seguir. Não posso denominar essa reciprocidade de expectativas. Pode ser inconsciente acreditar que expectativas sempre existem e, conscientemente, quero abrir os olhos e ver que o que se precisa é de espaço: eu & outro. Livres. Se não há espaço, não há saudade... Busco tanto a saudade que, às vezes, sou ausência...

O eu vira nós! E, em breve, volto a ser eu, indivíduo... Para ter imensa e intensa vontade, desejo de reconstrução. O outro me reconstrói.

A palavra une, é uma forma de manifestar parte daquilo que por aqui faz reverberar.

Que reverbere! Sem a intenção de chegar a lugar algum. A verdade é uma mulher no plural.

O OUTRO

Vi aqueles olhos que nunca me olharam. Suaves olhos. Sabiam-me, desenhavam-me. Era silêncio, o tempo parou. Olhei novamente aqueles olhos, mergulhei no intenso e profundo mar que existe neles. De fato, é mar...

Li aquelas cartas não escritas, parei para perceber as letras, os contornos... Esperei que me entregasse. Passou o tempo... Estavam, permaneceram ali: papel, caneta, história e nada escrito...

Olhei para aquelas mãos que nunca toquei. Observei os gestos, as expressões, os detalhes, os traços... Desejei que me buscassem, arrancassem-me de mim com a força com que os contemplava. Foi-se mais uma pausa, imóvel...

Abracei o desejo de abraçar, guardei no mais secreto de mim os inúmeros abraços que são seus, para si...

Admirei os lábios, o falar, o sentir, o calar... Em segundos, a minha alma encantou-se com o feliz gesto de ouvir meu nome. Mas, não era para mim...

Eis a face que nunca me viu, os olhos que nunca me olharam, as mãos que nunca me tocaram, o abraço que nunca me abraçou...

Alimentei voltas que nunca partiram. Viagens sem destinos...

Poderia eu retroceder o tempo na velocidade dos encontros? Como meus pensamentos poderiam alcançar os seus a ponto de mergulhar na infinitude profana de um tempo interminável?

Quisera que me visse com meus olhos, ouvisse com meus ouvidos, pensasse com minhas memórias, compreendesse o que sinto com as imagens da minha alma, as impressões da minha pele...

Guardaria cada instante em caixas de segredo, aquelas que apenas abro durante as madrugadas. Guardaria palavras nunca ditas, desejos nunca realizados, sussurros de verdade nunca expressos...

(...)

Viver e sentir, desencontros!

AINDA

"Das ausências que se tornam muros e, do lado de cá, se desmontam"

A noite me trouxe um nome: "Saudade!"

Não aquela que o tempo denomina comumente, e sim a que designa de uma ausência que não é suprida pelo constante do dia a dia...

Aquilo que a esperança denomina: espaço habitado!

Um pertencer, sem amarras. Um prender-se sem aprisionar.

Um anseio de que as horas se perpetuem.

De repente, um sopro invade o dia, um vento que traz de volta aquilo que a mente (mentiu) ser passado. É aquela saudade que volta...

Há um universo em mim. Lugares, pessoas. Desconhecidos. Inacabados...

Estou concluindo algumas fases que pareciam infindáveis. Chegando a certas questões que são memoráveis. Aquele momento em que é preciso mudar o rumo. E eu ainda sinto saudade!

Os primeiros passos acontecem como se eu estivesse realmente começando. São passos necessários para a alma se distanciar do passado. Desapegar o que não mais é.

Ouvi dizer, recentemente, sobre a idade da mudança. Não há regra para isso, aliás, para nada. Alguns mudam bem antes de escolherem. Para outros, a vida é espécie de migração. O que foi ontem deixou saudades, porém, o hoje precisa caminhar.

Tenho vivido as minhas mortes! Não vejo essas mortes como perdas. A morte de alguns sentimentos, a morte de uma rotina, a morte de um comodismo, a morte de algo que me faz mal. Pois, sim, há mortes que geram vidas. Há mortes positivas. É dessas que falo... São essas que vivo e que me pedem para transcender.

Viveremos a nossa própria vida, morreremos a nossa própria morte. Nós mesmos sabemos os custos para a consolidação dessas mortes em vida. Nem sempre, quando se perde, é perda. Nem sempre, quando se ganha, realmente, estamos no ganho.

Viver é a arte de desapegar-se. Contrariando tantos ditados, eu concordo com os desapegos de tudo aquilo de que ficamos dependentes afetiva ou materialmente. Não digo por ordem, nem como exemplo, digo por consciência.

Estou de mudança. Levo momentos, palavras que ouvi, gestos que marcaram, músicas que ficaram, roupas velhas, livros de sempre, lençóis com cheiro de mãe, um pêndulo. Levo saudades daqueles que eu deixei em algum ponto na minha história, levo saudade como saudade. Levo distâncias que merecem ser respeitadas.

Não levo nas malas tudo que conquistei, e sim o necessário para continuar ou recomeçar...

Para que tanto papel se, com o tempo, as palavras também amarelam? Será que conseguiremos renovar sempre o que dizemos na intensidade? Vejo que não.

Saudade não é ontem, é o que fica quando fazemos as malas e mudamos os rumos. Refaremos nossas malas, deixaremos nos espaços partes de nós que se decompõem com o tempo. Desmoronamos para que nossa ânsia de mudança nos transforme. Os olhos fecham, a saudade permanece. Continuemos a caminhar...

*O que nos "salva" são os olhares capazes
De nos fazer sorrir por dentro.*

ENCONTRO-EU

Esta batalha entre o ser e o que ainda não sabe ser... Variáveis adversas eu e eu... Estado de exceção, vontade de me saber. Meus olhares voam, não ficam em mim. Eu só queria saber ser o que ainda não sei... Não sou passível de aprendizado ou de provar sabores do que não houve. Não preciso da precisão dos fatos, nem dos gestos. Ser-me é interno. É uma experiência construída abstrata, avulsamente entre o variável tempo. Voltarei ao mundo das minhas percepções. Preciso voltar ao meu próprio eu, ando me perdendo em outros eus.

Ah, se a realidade nos permitisse os avessos... Funcionaria como um botão pelo qual, por alguns instantes, seríamos contrários. Isso nos possibilitaria experimentar o encontro do nosso eu com tudo aquilo que negamos ou que, por tantas razões, preferimos seguir em linhas retas. Os avessos são sinuosos, desconhecidos, imprevisíveis. Estamos acostumados com nossas linhas retas e nas curvas desviamos, seguimos o fluxo. Avesso é absurdar os possíveis.

Não que eu não goste do que sou em transparência. Gosto, mas não posso me ser sempre. Há olhares em mim que suprimem o desejo de liberdade. O jeito é expressar, sublimar, potencializar o que minhas amarras me fizeram criar através de palavras subjetivas. Por detrás de qualquer arte há solidão. Seja acompanhada, seja quando a porta se fecha e o escuro nos penetra com seu silêncio.

O hoje nos reporta o que fomos ontem e o que não queremos ser amanhã. Não me basta saber apenas que existo, preciso estar além dos meus dias, vivendo presentes, mas "antenada" em sonhos reais. É... Talvez seja isso que me faça escrever sobre meus avessos. Um complexo contraditório, num simples contratempo. Afinal, é o contratempo que nos assegura que o tempo está passando... Ele nos faz reais, não desenhos, não pinturas, nem esculturas. O tempo nos faz perceber a pele, as dores, os desamores e os dissabores. Também, faz com que escolhamos um bom lugar para os nossos quereres... Às vezes, só queria a oportunidade de me ver criança e contemplar meu olhar de ternura. Eu precisei deixá-lo em algum lugar para conseguir sobreviver. E, para sobreviver, é preciso tantas vezes matar sentimentos nobres que carregamos, para emergirem sentidos que nos fazem continuar.

Continuo e vejo-me avesso, no mundo às avessas, no universo das convenções, do não dito... Seria quimera um espaço onde eu possa ser, onde não precise sorrir, onde eu possa chorar? Um avesso para meu avesso...

Eu me deixei em algum lugar e ainda preciso voltar para me recordar do que ainda não esqueci.

VOE

Alma tem cor? Imagino que seja clara. Lembra luz ou algo tão belo que ofusque nossa visão. Nada palpável.

Alma é abstrata? Posso ver? Tocar? Sentir?

A vida seria um caos se não nos sentíssemos provocados pelo movimento dos encontros. E, quando encontros acontecem, a alma é a primeira a sorrir. Livremente!

Talvez seja isso que falta na vida de tantas pessoas... A capacidade de deixar que a alma voe aonde quiser. Não é na obrigação, no controle, na busca... E sim, na liberdade de não conceituar, racionalizar todo tempo.

Almas distraídas são capazes de voos.

A dor arma. O sofrimento arma.

Deve ser por isso que tantos passarinhos livres não saem de suas gaiolas. Os medos os prenderam.

(...)

Gosto de ser chamada de pessoa, simplesmente, pessoa...

Sentir-me pessoa e, assim, ter a alma para ser pássaro...

POSSO?

Posso me sentar hoje ao seu lado e apenas ser eu?

Posso ficar em silêncio ouvindo o tempo, sem que tenhamos que ir embora?

Posso falar de mim sem que haja julgamentos, sem que me apontes ou digas se estou certa ou errada?

Posso sorrir sem explicar o porquê? Ficar séria sem ter que justificar o que se passa comigo?

Posso chorar no seu ombro e lhe pedir um abraço, pelo fato de crer no afeto que nos une?

Posso reclamar, lamentar, espernear sem achar que um dia vais repetir para mim mesma o que eu disse?

Posso lhe ofertar uma mão amiga quando precisares de mim?

Posso escrever o que sinto, cantar uma canção, olhar nos seus olhos ou sumir de vez em quando?

Posso ficar verborrágica, falando bobagens, contando coisas antigas ou divagando sobre o futuro?

Posso falar de inglês, filosofia, psicologia, mesmo que não entendas e mesmo que eu não saiba nada sobre isso?

Posso cometer algum erro, vacilar, tendo a certeza de que a distância não se fará presente?

Posso pintar a vida com cinza e preto ou, de repente, colori-la sem que se surpreenda com minhas atitudes?

Posso ser mistério ou objetiva?

Posso ser sincera, honesta com o que sinto, sem que entendas que é para seu mal?

Posso ficar brava, fazer dengo, ficar de birra, ser teimosa?

Posso ter medo sem que me julgues fraca?

Posso ser presente, ausente, constante ou inconstante?

Posso mudar de ideia, escolher outro caminho, traçar novas metas, cantar outras canções sabendo que posso contar com você?

Posso me revoltar, magoar-me, estressar no trânsito, andar devagar, atrasar ou adiantar, sabendo que vais me esperar e compreender?

Posso esperar não ser cobrada, sentir sua falta e não dizer nada?

Posso fechar os olhos e confiar no que me dizes?

Posso abrir a porta? ___ Onde está a chave?

(...)

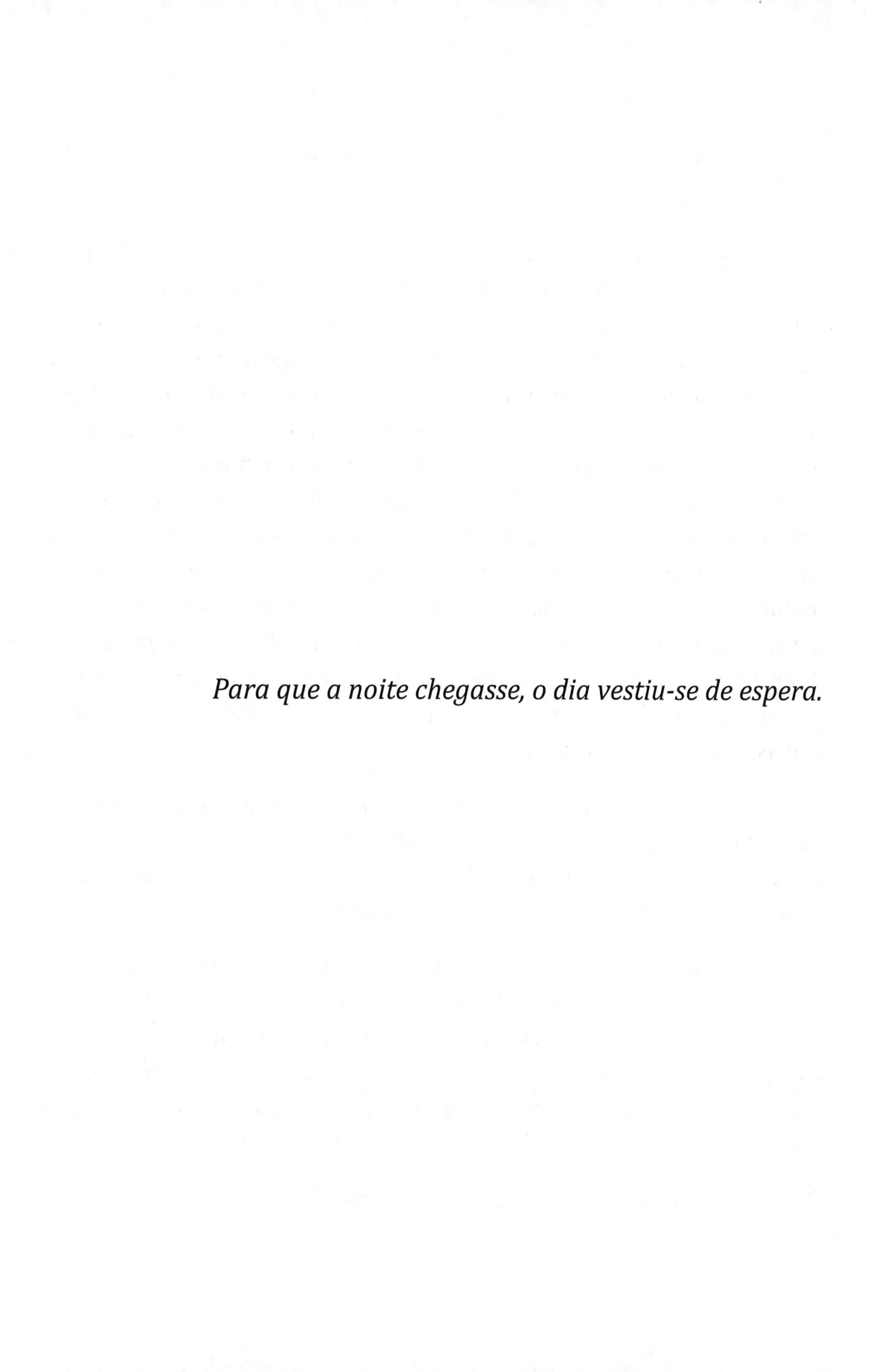

Para que a noite chegasse, o dia vestiu-se de espera.

RESPIRE

Daqui a pouco, sairei do quarto vazio e colocarei minha cabeça sob um sol escaldante. Ninguém me acompanha, a não ser o meu desejo de tantas vezes voltar a um tempo que não era. Um medo de não sei o quê invade esses espaços inabitados. Causa-me estranheza supor que exista algo que possa ser mais do que poderia. Causa-me desafeto quando afetada me vejo criança, cambaleando em passos tortos, com cara de paisagem, parafraseando os parágrafos sem nome, usando metaforicamente termos objetivos que, por ora, não passam de conteúdos inacessíveis a mim mesma diante da minha apatia de tudo aquilo que nem posso tocar. Há um olhar que transcende a cegueira da escuridão calcada na luz de um abismo infinito. Nada mais me resta, a não ser lançar-me e esperar os caminhos que me encaminharão sem que eu diga, pense, abstraia. Não há incógnitas se o desfecho de uma alma desfalecida se fecha. Falecem sonhos, rememoram-se expectativas. Um filme. Nem longo, nem curto, sem delongas, sem curvas. Visão turva de chuva.

Esqueça! É uma ordem: esqueça! Abra os olhos fechados. Volte ao ventre. Lá fora é sol. Aqui é frio. Continuo o meu isso, o meu aquilo. O que mais esperar? Ainda que, ainda aqui, algo mais? Sirva-se, a bandeja está vazia. Respire o respeito do desrespeito. A hora chegou!

Talvez eu não tenha feito o que estivesse em meu limite... Talvez eu tivesse que ter ido além, enfrentando muito mais do que me era possível... Talvez eu pudesse ter dito mais do que disse, ou menos do que deveria. Ter confiado mais... Poderia ter fechado os olhos, dado um sorriso largo e seguir adiante. Poderia ter representado ou ter fechado as portas antes que houvesse um caminho. Ou talvez tenha feito tudo ao contrário disso.

Resta olhar para o vazio, sem ousar tocar o nada...

Reencontrar motivos, aquietar o tempo no templo de nós mesmos. É assim que a vida nos molda...

Chega-se o tempo de ir! Não viver o devir, mas deixar o que não é, não ser.

Nesta noite, não conseguiremos dormir, ouviremos os gritos medonhos do não compreender. Tentaremos buscar zona de conforto... Mas, é tempo de deixar partir! Ir embora! Aceitemos...

Não há mais sintonia, nem vontade! Não há cores, nem sabores... Nem armas, nem julgamentos! Confronto ou afronto! Fim da linha! Dê linha!

Não é! E pronto! Ponto!

Sejamos, pois, aquilo que somos... Sem falsa política!

Haverá um tempo em que precisaremos ser diferentes em alguns lugares, precisaremos de aprovação. Haverá um tempo em que talvez precisemos nos esconder para agradar. Outro tempo em que seremos mutação...

Mas, você vai sentir o tempo e a exigência consciente de não mentir para você mesmo!

E hoje? É hoje?

Hoje é tempo de ser o que se é. Não é tempo de brincar com o tempo! Não dá mais para fingir o que não se é, e muito menos o que se é.

Se precisar, mude a rota. Refaça o caminho... Retorne ao ponto! Comece um novo, de novo... Vá!

SALIVA

Mata a minha sede.
Mastiga os dissabores.
Renova os sabores.
Remonta as teias.
Revira a volta.
Deflagra o gosto e o desgosto.
Sorri o desengano.
Conforta, desmonta.
Queima, reaviva as cores.
Invade os sentidos.
Incita os instintos.
Agarra em audácia.
Fascina os pés em terra.
Expia a culpa.
Chora a saudade.
Vivencia o que não foi.
Reza a incredulidade.
Surpreende os instantes.
Deseja os eternos.
Remexe os oníricos.
Refaz. Inventa.
Sentido contrário.
Contraria o certo.
Perde-se, erra o caminho...
Desvia a atenção!
(...)
Feche os olhos...
Salive!

O QUE...

Reverbera aqui! Não sei se o tempo responde a certas perguntas. Sempre pensei que sim. Ou talvez deixasse algumas perguntas de lado, por receio de respondê-las e errar. Não entendo o medo de fracassar sem ao menos ter tentado. Pesa muito o sentir-me frágil. Não posso, não devo, não quero! E viva os nãos! Um exigir-se perfeita sem a possibilidade de errar!

Até quando? Até... "sentir-me parte" na música do tempo! Ah, é... Talvez o percorrer dos dias tenha me tirado o "sentir-me"... Racionalizar o sentir e viver à parte! Foi assim mais fácil aceitar alguns nãos. Um vazio sem fim acumula-se, deixei-o aos lados. No entanto, ergueu-se, virou muros que me sufocaram. Percebi que, no caminho, o que vamos deixando de lado, em certo momento, aumentará. O mesmo caminho se tornará estreito. Olhar para cima e ver o céu! Mas, e os lados? Como sair? Apenas seguir em frente? Não sei dizer se é saudável o deixar-se de lado... Diga-me: é?

Chego hoje, com os braços e abraços abertos. Trago a concretude e o abstrato de ser eu. Nem sempre agrado, nem sempre desagrado. Estou aprendendo a lidar com o sentir-me que um dia abandonei na estrada. Ainda tenho algumas armas nas mangas. Como despir-me?

São marcas, não há como voltar... Clamo para que as cicatrizes não me impeçam de ver a ternura dos detalhes...

Abro-me! O verbo é "abra-se"... Abrace!

DEPENDE

Não quero o complexo hoje... Nem vou procurar as melhores palavras. O ser simples é árduo. Apenas dou-me a possibilidade de uma expressão neste meu espaço que tantos habitam sem pisar.

Há certas manhãs que nos reportam a um ontem que o hoje transformou em saudade. "Esta manhã me trouxe você! Quanto tempo!" (...)

Os sonhos trazem-nos de volta e para perto de pessoas, situações, lugares, jeitos, gestos, tão claros como a realidade e tão confusos quanto o nosso interior, nosso inconsciente.

O dom de sermos humanos, capazes de guardar memórias, recordações, querendo ou não guardá-las, faz de nós seres sensíveis.

Falo, por vezes, redundantemente dos sonhos, pois representam um toque sutil do tempo interno, fazendo-nos rememorar algo que está inconsciente... Ausências, presenças.

A indiferença não habita onde há afeto. Não somos indiferentes quando alguém nos marcou/marca. Somos diferentes uns dos outros, sentimos diferente, mas o "algo" que une vidas não passa despercebido em nossa memória.

Alguns momentos de nossa velha história voltam, mesmo que sejam em sonhos. Mas, voltam...

Reporto-me àqueles que, por um tempo, guardaram a chave do meu dentro e depois, por devaneios da vida, deixaram-na em algum lugar, sapientes de que poderiam resgatá-la. Mas, o fato é que "deixaram". Ou eu mesma a deixei em algum lugar que hoje se faz inacessível. Marés... Ou calmarias!

Há cartas guardadas em garrafas que o tempo já se encarregou de levar para outros cantos, mas há lugares onde nossos voos além-mar não permitiram chegar, e eu continuo no mesmo lugar, com todos os voos e movimentos do meu tempo. Voar é para quem tem asas. Quem as tem nunca permanecerá no mesmo lugar. Logo, é impossível impedir as partidas, isso não quer dizer que deixam de ser. São.

Ontem falávamos sobre o tempo, hoje já não mais sei dele... Afinal, o que é o saber senão um ciclo? Ciclos. Completos, ou não!

Há dias em que são tão fortes estas ausências de respostas, mas ainda em mim soam como se eu pudesse mandar notícias do meu ontem. Uma ausência presente. Ambígua.

Sentir saudades! Que privilégio e que nobre! Sentir é nobre. Eis que o tempo distancia, sem nossa permissão, o que em nós é vital, essencial. O tempo nos leva a lugares que não queríamos estar. Mudam-se os espaços.

Aprendemos com essas experiências o dom de subjetivar. E nos é dada a possibilidade de nos emocionar com nós mesmos e com nossas faltas. No dia a dia, tantas coisas ocorrem, mas há lugares nossos onde apenas alguns pés pisarão. Passe o tempo que passar...

A alma que tem fé abraça o tempo e faz dele templo de reencontros.

LEMBRA

Um som escuro rasga esta noite! Uma porta se fecha... Pergunto-me: *o que resta? O que fica? O que permanece?* Cortando a alma transparente não cicatrizada, vens, invades este mundo dividido. Lados intitulados: solidão. Partes de mim... Esfinge aflita!

Permiti que o tempo tirasse de mim a capacidade de me surpreender. Cansaço... Não posso mais. Tal pulsão é motivo e, se nada perdura, ao menos, que este espaço não seja preenchido para que eu possa reencontrar. Procurar...

O que resta? ____ Um eco daquilo que não encarei... Minhas incapacidades, meus limites. E a entrega, mesmo não sendo o melhor caminho: andei, pisei nas possibilidades. Permanece...

O que fica? ____ A esperança. Minhas mortes para aquilo que descaradamente a covardia negou, mas não passou despercebida. Face que eu virei, olhando para dentro de mim. Imagem transfigurada de alguém que vira as costas. Não me olhava de frente... Ficaram espaços. Impossibilidades de encontro. Além de onde fui? ... Resta!

O que permanece? ____ A busca. Eu esqueci o caminho... Só aquilo que é universal remonta meus pedaços. Preciso ser refeita, preciso que o som reencontre a porta para que a luz me cegue e eu abra! Fica...

DESENCONTROS

É... Um saudoso reencontro! Sem olhar nos olhos, mas com a capacidade de ver ou contemplar o já visto. *"Dèjá vu"*... Num tempo em que uma geração inteira cantava "Que país é esse?", aos meus ouvidos chegava outro canto, um detalhe que me fez sonhar. Em preto e branco são, hoje, as cores deste sonho. "É... Sonhos não envelhecem!" ___ Não! Mudam de cor!

Na capacidade de sonhar, não incluo o onírico, mas aqueles cujos olhos permanecem abertos, transcendendo até o que para nós era surreal. Um sonho é um desejo. Uma prisão. Um impulso. Um salto! Acorde! Acordes soam. Caminhe! Ouça! Os sonhos nos sonham...

Segui um som numa época em que não havia armas. Apenas cores. Não sou muito fã de cores. Prefiro opacos, outono! Um som/sonho!

No hoje, contemplo o desigual, algumas partidas, perdas, desencontros... Mudanças. Algumas difíceis de assimilar, outras necessárias. Num universo de tantas regras, algumas deveriam ser: despedir-se antes de uma partida sem possibilidade de retorno, um abraço amistoso quando se crê em perdão! Porém, algumas coisas perdem o sentido e algumas pessoas se perdem, ou nos perdemos delas.

Olhando na fresta da janela, o sol chega tímido. Inverno, inversos! Em versos... Frio. Nostalgia sem abrigo. Orquestra em mim... Há lugares onde não me encontro mais. Estão pequenos para tantas palavras. Há palavras que não decifram. Não inventaram outras...

Constroem-se espaços vazios, tomados pela sede de uma satisfação insaciável. Formam-se ciclos, lentos... Ou rápidos demais. Quem irá permanecer? O futuro. Pois só ele ainda não veio. O ontem, lembrança. E o hoje? Nem ontem, nem amanhã. É!

Alegria ou tristeza em excesso talvez não seja um bom sinal. Aliás, os excessos são sinais de alerta. Atentemos para como estamos. Eu, você, alguém mais?

Calo-me! Nem há tanto a dizer... Escrevo. Leio...

Pensamentos desconectados. Flutuações apenas... Devaneios. Passa algo aqui, e passa... E nem tem pretensão de ficar. Fica. Esquece quem quer lembrar, lembra-se de quem quer esquecer. Sonha com o que é, espera o que não foi. O que nunca foi talvez seja. O que virá pode passar. O que passou pode permanecer.

Condensação...

GERAÇÃO

Há dias cansados. Dormimos oito horas e acordamos com a sensação do mundo nas costas. Olhos pesados, corpo dolorido, sensação de lentidão. É... O mundo moderno é estressante. É a nossa geração. Aquela que absurdamente pede de nós nossa própria alma.

Confinados e atualizados. Construindo teias de vazio.

Mundos internos se calam, o externo continua aí com seu sorriso estampado para quem quiser traduzi-lo, ou tentar...

Não há como ficar omissa em determinados momentos. Também (infelizmente), não se pode dizer tão declaradamente o que se pensa. Há censura em nós mesmos. Aqueles dedos que amam apontar estão sempre a postos. Seria hipocrisia dizer que eles não incomodam, porque a única força que possuem é a própria arma que todos carregam para afastar-se de si e apontar o outro. Grandes pequenas mentes que pensam por outras...

Ah... Quisera eu sonhar com a vida no país das maravilhas! Não sendo pessimista, mas realista: o que dizer diante de tanta polêmica explícita?

Onde estão os novos revolucionários? Novos pensadores? Prêmios de ciência? Mudança vital na saúde, na política, no social?

É... Interessante é a moral! Principalmente aquela do lado de fora da nossa porta.

Poetizemos a vida! É uma maneira por meio da qual, buscando o belo, encontraremos um sentido...

Esse dom de ser humano, às vezes, fica tão frágil!

ENCURVAS

Constata-se que o tempo passa... As pessoas vão ficando curvadas. O rosto vai mudando... Mudam-se as características visuais, os lábios vão ficando menores, os olhos pequenos, os cabelos mudam de tonalidade, a pele vai manchando, e n v e l h e c e n d o.

Ninguém escapa do ciclo da vida, ninguém! Ricos, pobres, brancos, negros... Todo mundo envelhece!

Há fatos, há marcadores genéticos... Fases, crises, conflitos! Em determinados momentos, todos viverão as mesmas situações, independentemente de status. Igualamo-nos em tantas coisas e outras tantas nos diferenciam.

Ouvimos durante a vida: "Nossa, como você emagreceu!", "Engordou!", "O casamento lhe fez bem!", "Cadê o namorado?", "Como você cresceu!", "Está trabalhando?", "Está estudando?", "Está?", "Está?", "Estar?". Tantos ademais e haja curiosidades...

Nesse plano, nos deparamos em determinados momentos com as mesmas perguntas. Regras sociais para ser "bem-sucedido (a)". Às vezes, é bem intrigante essa maneira de viver, ou soa como obrigação de adaptação ao desejo de outrem. Tais respostas já são clichês e, para uma adequação, saberemos muito bem as respostas.

O fato é que vamos para um mesmo "lugar"... Se é que posso chamar de lugar, se pela fé posso chamar de "céu" ou "inferno", racionalmente, posso chamar de "terra". Respeito as crenças, a fé. Mas estou falando concretamente. Não levaremos absolutamente nada do "mundo", do palpável. Logo, por que as pessoas se importam negativamente com a vida alheia? Por que querem tanto viver a vida do outro? Será que viver a própria vida, observar o próprio caminho, encarar a própria velhice ou a própria realidade é tão difícil ou desinteressante? Claro, porque, quando a preocupação é benevolente, é notável. Mas, quando não é, também!

Fico pensando, para que tanta sede em destacar-se, mostrar-se, um egocentrismo exacerbado, pessoas querendo puxar o tapete umas das outras, inveja, oportunismo, maldade? Mas também é parte do indivíduo o bem, o mal e seus afluentes... Até que ponto estamos fazendo nossas escolhas, vivendo nossa verdade, e até que ponto estamos vivendo as expectativas dos outros? E quando isso vai mudar? Se um dia mudar...

A vida do outro é tão mais importante que a sua? Olhe-se no espelho, observe as marcas da sua vida... O que você mudou de alguns anos para hoje? O que você mudaria hoje?

Tenho certeza de que levaria um bom tempo para compreender-se... Uma vida talvez! E cuidar de si já é uma boa empreitada. Leva tempo! O bom é que, quando os sinais começarem a aparecer, certamente, lhe trarão boas recordações e uma vida (em si) bem vivida.

DESASSOSSEGANDO

Até onde chega o silêncio com todos os seus motivos? Chega-nos pelos atos/atitudes...

Nós, humanos, ainda não aprendemos a esquecer com um simples fechar de olhos, durante a noite, o que o tempo não cura. Não quero falar de tempo. ___ Qual seria, pois, o sentido de se gostar quando é preciso esquecer?

Ah, por um momento, eu tinha 'esquecido' que o gostar é um conceito cultural: muda tal qual as estações. Banalizam sentimentos e jazem os contribuintes de uma nova ciência. Arrancar da mente quem ou o que devemos esquecer. Não estou procurando respostas. Esqueci-as em algum lugar na estrada. Apenas cansam-me tantas hipóteses.

Chega-se a certo ponto literal: "A vida é a hesitação entre uma exclamação e uma interrogação. Na dúvida, há um ponto final." (Bernardo Soares). E eu continuo na dúvida: não ultrapasso! Certamente, em algum momento, já ultrapassei, hoje não mais. Existe um nível a chegar, um "limite" mental para a sanidade... Algumas interpretações eu dispenso. Apenas pontuo, sem ir além.

Pessoas e seus espaços! Há espaços para todos ou apenas para alguns eleitos? Sem demais intervenções ou interpelações! ___ "Acalma-te, oh, alma inquieta e sedenta de respostas! ___ Alguém me perguntou algo?".

Ah, esqueci-me... Não quero argumentos: logo, esqueçamos! As músicas continuarão a tocar, o trânsito continuará o mesmo, os parques florirão, os atores encenarão... Representemos nossas fases, nossas curtas frases e fases! Palavras...

Silêncio é um grito sem voz! Um grito de não ser importunado ou um grito para ficar trancado! Findaram os vocabulários. Avante às revoluções em busca de um silêncio pacífico. Voltemos a findar-nos. Quando algo dói demais, costuma calejar...

Esvazia alma, esvazia!

NOITES.

Dos poetas, das comemorações, do silêncio, das trocas, das esperas... Das lágrimas singulares..

Dos travesseiros, dos segredos que se contam para si! Das amargas, das doces lembranças...

Da lua, do nascer de um depois, do sagrado, lamentos, orações...

Dos sozinhos, dos acompanhados... Dos poetas, dos artistas, das estrelas!

Das canções, das composições, dos sofrimentos! Das saudades, das simetrias, assimetrias...

Noites que não amanhecem, que perecem, que tiram a consciência do que resta!

Dos sonhos, das cinzas, dos sins, dos nãos...

Intermináveis... Intensas, profundas, tortuosas...

Dos traços sem formas sob as cores do abismo!

Das chuvas, dos ventos, das folhas que ouvimos no silêncio da lua...

Dos recomeços, das reconstruções, dos pensamentos... Das escolhas!

Das alegrias, dos abraços, dos encontros... Dos desencontros!

Das pazes, dos olhares, das silhuetas e das sombras...

Das distâncias, das proporções, das reflexões...

Dos longes, dos pertos, dos certos e dos incertos... Das eternidades, gestos, cheiros e sabores...

De tantos nomes, cores, imagens. De cada qual em sua única forma de sentir...

Passar por elas... Em sonho, dormindo ou acordados... Um foco desfocado/focado de nossa própria vida!

E... Única e exclusivamente, um verdadeiro encontro de nós mesmos com nossas verdades. As verdades mais duras de nossa alma ditas a nós, por nós mesmos!

No secreto de nós...

DESCUBRA-SER

O ser... Há quanto o trago nos meus escritos, o quanto leio em outros, quantas teorias sobre, pensamentos, filosofias... Sofia!

Importa o ser para si, o ser em si... Ser consigo! E isso já é um processo de vida...

Na prática, somos um currículo... Na essência, somos. Conciliamos os dois. Existimos e somos.

Ser sem existir, existir sem ser... Ser e existir... Há mais?

Ouvimos que somos especiais, importantes, únicos... Somos? Solicitamos ser?

Precisamos? Urgência!

____ Por favor, traga-me um "seja" com sal e açúcar?

A quem pedimos? Ser não cabe em *delivery*. Nem se recebe por e-mail, nem por correntes.

Ser é próprio de quem é. Se não é, como pode ser?

Clareza? Objetividade...

Não somos cópias de ninguém, apesar de nossa carga genética... E esse encontro de ser conosco não é adquirido. É próprio mergulho no caos do nosso dentro.

Cansou? Pois, bem... Ser exige ser.

Reflita...

(...)

Gostamos de respostas prontas, não é? Vamos ouvir fulano e ele nos trará a solução de todos os nossos conflitos. Vamos assistir ao beltrano e saberemos como agir. Leremos sicrano e seremos felizes de mil maneiras... Isso é ser?

É visível o mercado dos modelos perfeitos...

Há identificações, referências e por aí vai... Mas é relevante observarmos e sabermos que não somos o outro. É preciso observar de forma inteligente (ser) o que é meu e o que é do outro... O que sou nisso tudo que se denomina vida...

Vende-se ser? Não!

Então: Descubra ser!

AMADURECE

Relembro a primeira vez em que fui a um parque de diversões... Aqueles brinquedos enormes eram um misto de vontade e medo. Eram tantas luzes que fiquei parada diante de um brinquedo e me perdi dos meus pais. Quando dei por mim, estava sozinha. Certamente, minha mãe me chamou e eu, surda com o brilho nos olhos, esqueci-me por ali...

Comecei a andar rapidamente (passinhos pequenos), em busca dos rostos conhecidos.

A minha alegria transformou-se num choro descontrolado. Quanto mais andava, mais luzes eu via, menos me encontrava.

Parei naquelas cercas de ferro em um dos brinquedos e, de repente, ouvi nos alto-falantes: "___ Karla Lícia, seus pais estão à sua espera atrás da roda-gigante...". Um alívio ao ouvir meu nome. Fui correndo até o local indicado, avistei-os e os abracei como nunca em nove anos... Ouvia minha mãe muito brava, deu uns "croques" na minha cabeça, mas nem senti dor.

Não existia melhor lugar do que aquele abraço, aquele cheiro... Era-me tão conhecido!

Não me importavam os brinquedos, as luzes... Meu lugar era ali, ao lado dos meus pais.

Assim é o amparo a uma criança. Podem-se dar os melhores brinquedos, as melhores viagens, o *videogame* do ano, o *iPhone*, *iPad*, roupas de marca, melhor colégio, tudo... Se não houver o afeto dos regressos, a criança se esquece em algum lugar e, quando chamada, não reconhece seu nome nem os rostos. Afeto de pai, mãe ou cuidadores é formador da identidade de um indivíduo. Se falta, ninguém supre...

Depois de quase vinte anos, voltei a um parque de diversões e me lembrei do episódio... Sentir-me perdida aos nove anos foi uma sensação inesquecível...

Assim observo os abandonos, abraços negados, a falta de um olhar que acolha. Essa falta permanece em tantas crianças, adolescentes, jovens, adultos, idosos.

Amor não evolui igual tecnologia... Amor não se compra nem se vende...

Ontem, contemplava o olhar de minha mãe. Um olhar que ensinou, acolheu, cuidou, acalentou. Uma vida dedicada a cuidar de mim, do meu pai. A capacidade de esquecer-se, para doar-se...

Hoje, na "adultez", basta olhá-la e recordo-me de onde vim, de minhas raízes. Às vezes, perco-me, erro, recomeço. As asas de adulta voam sozinhas e a minha própria responsabilidade me faz reencontrar-me.

Não bastam tantas luzes de fora se o dentro é escuro.

O brilho das novidades, do surpreendente, dos prazeres imersos apenas nos materiais... Marcam, mas acabam...

Amor não envelhece, amadurece.

Disseram-me que meus acordes são simples.
Talvez seja por isso que minha alma seja tão complexa.

ONDE CANTO

"Minha terra tem palmeiras..." (Gonçalves Dias, Canção do Exílio).

Observando jeitos e gestos, comungo da sentença de que somos e seremos sempre filhos das nossas gerações, trazendo toda a sua hereditariedade, complexidade e raízes.

Demoramos, talvez, uma vida inteira para constatarmos isso... Nem bom, nem ruim. É!

Vivemos até certo ponto agradando vontades alheias, fazendo "como manda o figurino" e "tapando o sol com a peneira"... Até, enfim, nos distanciarmos das nossas rotinas e começarmos a viver a nossa vida, sem culpa.

Esse sentimento de culpa que Freud já dizia ser um mal-estar... E o é! Carregamos até naquilo em que não temos nem participação... Impressionante como fica na mente acusando, acusando...

Vejam nosso conhecido e tão sabido freio! Pare... Vermelho... Superego.

Damos significados ao que sentimos... E a mente possui analogicamente o sistema de compreender e, automaticamente, agir. Já estamos acostumados a negar. Primeiro vem: não! Depois, vamos pensar sobre... A abstração demora outros anos... Logo, concluo que o desconhecido nem é tão negro. Depende do tamanho dos nossos abismos... Turbinamos nossa mente de outrossins, assim vamos dando (ou perdendo) tempo para nossos conflitos.

Interessante observar o medo do silêncio... Ah, sim... Antes do silêncio vem o medo. Aquele relógio contando os segundos é apavorante. Tente observar o relógio em silêncio e, tão logo, sua mente já estará programada a alguma atitude. Não conseguimos.

Precisamos executar atividades, nossa existência custa caro... Produzir, vamos?

Somos vencidos pelo cansaço...

Admiro as rotinas que são criadas e respeito suas histórias...

Todas as vezes que venho para o silêncio, vejo um senhor sentado à porta da sua casa com uma cadeira azul já meio desbotada. Uma história cansada... Ele, cabisbaixo, espera o sol nascer e se esconder, diariamente... Até um dia não mais ser... Vida bela, vida estranha... Nascemos com a certeza de que morreremos... Entre umas e outras, perdemos quem amamos e, para isso, não precisaremos de grandes castelos.

Duro pensar no coletivo individual da vida...

Nascemos sozinhos, morreremos assim. Sofremos sozinhos, alegramo-nos também...

Mesmo com toda a história... Quando fechamos os olhos, só nós saberemos o que vemos... Podemos compartilhar, é... Mas, algumas sensações continuarão indescritíveis...

ENTRELINHAS

"Que imensa mágoa me invade. Que dor meu peito sente! Tenho uma enorme saudade de ver teu doce ausente." (Florbela Espanca, 1916).

(...)

Eu esperei aquela volta...

Desafiava o tempo que me contrariava. E, a cada novo dia, renovava a mesma espera...

Até quando? Por que tantas distâncias?

Recordava-me de um tempo em que saberia compreender o olhar indiscreto, o doce sorriso, os gestos que me buscavam e encontravam...

____ Volte! Mesmo que seja para me trazer de volta!

Alimentava cada dia a entrelinha com aquilo que a eternidade me prometeu. A paisagem distorcida do que não era recíproco... Engano meu!

Chega o inverno... Olho-me devagar... Minhas mãos, cabelos, corpo, o ardor dos meus olhos... E o que há fora de mim? A vida ardente... O torpor daquele passado de saudade pedindo momento de reconstruir o que não volta... Fica apenas nos detalhes da memória ressequida!

Uns pálidos círculos de pensamentos vão e vêm. Entrelaçam-se... É hora de entender o último e o desesperado adeus sem nunca tê-lo escutado.

Os aviões sobrevoam indiferentes. Não há chegadas nem partidas. Meu olhar se distraiu naquela esquecida e unilateral espera... Minha alma cansada tomou providência de me depositar. Era preciso morrer... Meu olhar pela vidraça permanece triste. É nevoeiro que passa...

Tanto ódio, tanto amor... Por tanto e tanto... Entre braços, sem cor, sem forma, o tempo calou, adormeceu aqueles sentidos...

Seria realmente o que não sei dizer? Seria então aquela solidão sublimada em tantos acordes? Diluiu-se... A mesma música... Fim de mais um ciclo!

Censuro-me ao lembrar. Deixe-me apenas as horas, o sono, as vírgulas...

Ah, há mais tempo, calço os sapatos, lavo o rosto... Caminho...

Tentarei sorrir...

SE UM DIA VOCÊ PARTIR

Será que na vida há tempo determinado para acontecerem e durarem nossos sentimentos? Será que o tempo passa e as coisas que nos são intensas ficam no passado, na saudade, nas recordações? Será que tudo muda, as pessoas mudam, os acontecimentos, o cotidiano, as frases, os comportamentos?

Por que, muitas vezes, as pessoas precisam se separar? Por que existe a distância? Por que quando se ama corre-se o risco de sofrer? Por que as pessoas não são realmente aquilo que querem ser e não vivem exatamente como se fosse o último dia, ou o maior desejo? Por que as pessoas julgam as outras, sem ao menos conhecer, apenas por aparência? Por quê?

Quanto mais intenso for algo que queremos, ou alguém a quem amamos, mais sofremos quando há mudanças, separações. Com o passar do tempo, levam-se algumas coisas e deixam-se outras... Haverá mudanças, pois estamos em movimento. Andando, mesmo que nunca mudemos nossa rotina de vida. Mas, alguns momentos podem ser eternizados em fração de segundos, pois vidas são partilhadas no olhar que acolhe, no colo e no gesto fraterno de entender o próximo. Sou testemunha do amor em minha vida, mesmo nunca necessitando de provas, pois ele, por si, basta. O amor nos faz querer para o outro o melhor de nós, o que é por nós... Não quer o sofrimento, quer proteger, tirar a dor, acalentar o coração... Quer ficar perto, perto... Sempre perto! Sente falta, saudades... Ausência... E é tão bom sentir isso!

E...

Se um dia você partir, estarei pela metade... Pois a outra levará com você.

Se um dia você partir, sentirei falta do seu sorriso, do seu jeito de ser.

Se um dia você partir, seu abraço ficará no eterno, seu olhar ficará para sempre.

Se um dia você partir, vou lembrar que esteve ao meu lado em tantos momentos bons e difíceis, e estes vão ficar no presente, pois o presente foi você quem me deu.

Se um dia você partir, quero que leve tudo o que de bom partilhamos, tudo o que colhemos, o que falamos, o que vivemos, o que sentimos...

Se um dia você partir, estará comigo aquele choro, aquela vontade de que o tempo não passasse ou que passasse rápido para que nos reencontrássemos!

Se um dia você partir, a música nos trará para perto, a voz timbrada ficará ressoando nossa história, cantando em versos nosso mais puro sentimento e as batidas do coração no mesmo ritmo... Sendo um só!

Se um dia você partir, saiba que o nosso coração se juntou para que vivêssemos uma amizade terna e transformadora...

Se um dia você partir, saiba que eu sempre estarei com você... No eterno, no não palpável, no não verbal e ficarei no sempre e no simples fato de ter existido em sua vida...

CORRESPONDÊNCIA

Sento-me em um sofá vermelho e contemplo o mundo girando ao meu redor, sem que eu queira me movimentar. Ouço o barulho de cada segundo que passa. E continuo estática! Ela me olha.

Através do vidro, contemplo a mudança do dia. Chega a noite. Tenho medo da solidão ainda não vivida. Do apego àquilo que sei que é vital, das mortes em vida... Da vida!

Talvez eu não esteja preparada para o que virá. Alguém está? Não há como, mas meus anseios já pormenorizam uma identidade de cinquenta anos a mais. Como posso?

Poucos instantes depois, eu já não a olhava mais... Outro dia, disfarço. Em meu corpo, sinto a voz rouca de uma manhã fria. E, ao me levantar, ouço meus ossos balbuciando palavras de sono. ___ Como é mesmo que eu durmo? Como consegui dormir durante toda a minha vida?

O dia recomeça estafante. Ligo o rádio. Meus olhos se atrapalham. A velha visão turva o tempo. Há correspondências ainda não vindas e uma perante meus olhos. Meus pés estão no controle sobre o acelerador, antes mesmo que eu coloque a marcha e arranque.

Não consigo dizer não aos caprichos de um simples escrito. O gosto pela vida na delicadeza de um rabisco. Não estou conseguindo expressar sua literatura. Mas há.

Cabe a mim um sumário dos dias corridos. Não aguento mais aquilo que é imutável. Sinto a quentura do sangue em meu corpo. Como posso?

Passa-se a tarde na ortografia sem dicionário... Ouço os pedidos dela, já se foram seus cabelos e saúdo o vulto branco da transparência daquelas palavras. Imperdoável é aquela mão sobre sua barriga, seduz suas entranhas, gera vida. Há sombra de tristeza naquele sorriso. Sua lógica é de ferro. Seus braços, barro.

Toca o interfone. É a fome. Você consegue! Pausa! Relembro que o ontem sucumbiu a tensão sobre meus ombros. Aquelas veias vermelhas em meus olhos. O cinza das minhas olheiras. O passar do comigo para outrem. Ecoa!

Volto às letras tão esperadas. O livro anterior à minha vida. Vislumbrei o momento, a oportunidade. Conjuguei o verbo no passado. Foi há anos que o li. Esqueci-me daquela história e os riscos de seu rosto, hoje, são profundos. Há dias de espera sendo encontrados. Haverá! Era a artista plástica da sua própria vida. Observa-me ternamente, e eu a lia desordenadamente. Deslizados por sob minhas mãos os azuis daquele escrito.

O pincel que te escreveu. Descrevia-me milagres. O que há neles? Outra vez a espera? Estou decifrando as entrelinhas do nada escrito. Encostei a minha cabeça nos ombros do silêncio... Vazio. Não há enfeites. Nem jeitos. Nem gestos. Não há. Apenas espera.

Deparo-me com as mãos limpando os olhos desnudos. Significado: óculo subjacente, um regozijo intelectual. Códigos... Talvez nunca desvendados. Talvez nunca existidos. Apenas uma percepção resistente ao invisível. Eu ainda espero...

Se as ausências forem demais, que construamos novas chegadas.

PARTIU

A lembrança vem como tempestade. Arrasta-nos para lugares nunca habitados e nos modifica inteiramente, depois o tempo se desfaz. Deixa o chão molhado, a paisagem verde, e o sol volta a brilhar para que consigamos visualizar melhor e movimentar nossos dias naturalmente com sua luz. Entretanto, não nos deixou ilesos.

É...

Ouvi dizer que o trauma não é apenas aquilo que nos marca negativamente, pelo contrário, pode nos marcar tão profundamente com algo inesquecível, a ponto de nada se comparar àquilo que foi vivido... Nada mesmo. Eis o perigo!

Acredito que, quando a vida nos coloca distâncias, é mais ou menos isso. Com o passar dos dias, as dores vão mudando de intensidade e assim adaptando-nos às perdas. Resta-nos a saudade...

O momento é longo, tortuoso, silencioso e um luto. Parece que nunca conseguiremos sair daquilo...

Ah, os ciclos! Sempre eles, novamente eles. Independem de mim e dos meus quereres...

Humanos e seus assuntos sem fim, tão diferentes e tão iguais. Paradoxais.

E vem o tempo, novamente o tempo... Reelaborar, reconstruir nossos pedaços.

Logo, os arredores vazios vão sendo tomados... Nossos hábitos adaptados, o cotidiano sem pausas exigindo de nós novas construções. Vamos ocupando nossa mente com outras questões... E, naturalmente, viramos passado.

Afinal, o que é o presente senão aquilo que em questão de segundos vira ontem? Já sei! Estou redundante. São meus sintomas.

E mais... Eu...

Sou um quadro e um pincel... Vou pintando minha história! Aglomerando minhas paredes de cinza; assinalando novas cores; redesenhando os contornos; misturando meu dentro; imaginando o que teria atrás daquela montanha esculpida em meu primeiro desenho da infância...

Mudo-me. Transformo-me.

Estão vendo aquela casa onde guardei memórias, momentos, pessoas e onde me multipliquei infinitamente? Bem ali, bem ali...

E o dia passa belo ou não...

Sou aquele alguém que ontem olhava no espelho e se via fosco, turvo, quase desfigurado...

Chamam-me: ___ Karla!

E um susto repentino de reconhecimento de mim mesma abate a apatia.

___ Acorde!

Passou...

Mas a luz ainda não voltou. Talvez nem volte...

Além de ser quadro, quero ser ponte para ligar dois hemisférios, misteriosamente...

Aqui jaz um território vago, espaços um pouco mais que nada, ou talvez um tanto que nem saberia descrever. O que há, não é. O que é, não fica. Foi... Fui!

ÚLTIMO

Colocou a mão no queixo e fixou meus olhos. Eu não sabia ao certo o que pensava. Pudera adentrar seus pensamentos... Abaixou o olhar como quem sente o fracasso de uma vida inteira. Houve conquista, mas o verbo se conjuga no passado. Estranhos.

Lembrei-me da primeira vez que o sussurro era plural e universal: "amo-te". Em conformidade com a intensidade que permeava os instantes. Nada poderia ser mais transparente do que a espera daquelas ocasiões que fizeram os sentidos se transformarem em vontade, na sua própria identidade...

À vontade: livre forma e sem forma. Vontade em si, viva, vida. Não subordinada, sem fenômeno, força direta, essência... Vontade é objetividade com intensidade de subjetividade. Sem *make-up*. Íntimo. Indiscretamente comedido.

Por excelência, o corpo e a alma não mentem.

Observei seus detalhes. Suspirei fundo. Parei por instantes no caminho, antes que meu olhar novamente ensaiasse outros espaços de si. A pele em suas entrelinhas, um egoísmo teórico, uma individualidade exclusiva a um continente duplo. "Conforme a mais autêntica essência" ___ Tola opinião. De que vale tanta demanda, se conhecer uma realidade tão tênue é uma descoberta por inteiro, transformando-se em real, em vários graus?

É pleno delírio. Esfumaçou-se, o céu desceu. Não saberia distinguir... Para que tantas definições, conceitos, teorias, normas se, humanamente, somos um emaranhado de sentimentos conflitantes, ora saciados, ora insaciáveis? Salve-se.

Voltei ao instante. Ouvi o movimento, ainda fixo em mim, senti como se o tempo trouxesse consigo uma mala vazia e semiaberta. Deveria eu guardar as roupas velhas?

Pergunto-me: ___ Está tudo bem?

Meus olhos não confirmaram e, imediatamente, levantei-me; os pés velozes correspondem ao empenho, saí em disparada e sem rumo. Vi a sua distância de mim e, quanto mais caminhava, mais fugia.

Oh, minha percepção hiperativa do mundo! Minha impaciência... Como posso ao mesmo tempo vislumbrar tantos detalhes? Monólogo.

Reagir... Uma forma de não acomodar a direção dos esforços. Curso da vida entre erro e acerto.

Alguém ficou para trás. Talvez eu. Talvez você.

Morrerei quando não conseguir perceber os entreolhares; aquilo que a expressão verbal não diz; quando os olhos buscam e os meus são indiferentes. Ora mundo imaginário, ora mundo real. Tiram-me tantas vezes a capacidade de existir. Permaneço em diálogo com a voz interna, de modo que minha alma se amplie naquilo que não está visível, mas descarado.

Minha boca não expressa! Caminho ao seu lado, olho para seus passos... Não cale a minha sensibilidade... Seus olhos já não me veem.

PERMITA-ME

Permita-me ser avesso.

Permita-me ser incoerente.

Permita-me errar.

Permita-me a capacidade de me permitir, de me transformar, de ser o que quer que eu seja.

Permita-me ser humana, ser gente...

Permita-me o suspiro de uma saudade.

Permita-me não ouvir...

Permita-me a dor...

Permita-me amar.

Permita-me não ter amado.

Permita-me o medo, a covardia... A indiferença!

Permita-me viver só, pois nem sempre alguém caminha comigo...

Permita-me ser com, quando quero ser acompanhada.

Permita-me voar, mesmo não tendo asas...

Permita-me não compreender!

Permita-me o silêncio, que nem sempre diz algo...

Permita-me ser invisível!

Permita-me calar.

Permita-me a distância...

Permita-me um abraço demorado...

Permita-me não olhar nos olhos, não ver!

Permita ver além...

Permita-me fugir...

Permita-me ser mar, ser terra...

Permita-me o infinito!

Permita-me os segundos...

Deixe-me livre. Não implore que eu esteja, nem que eu permaneça. Talvez seja passado. Talvez eu não seja.

Permita-se e, talvez, eu fique por um tempo indeterminado...

ESPELHOS

Será que nos encontramos naquilo que o outro tem de nós? Amamos aquilo que vemos através dos espelhos? Ou aquilo que nos é tão diferente acaba nos aproximando?

Ambos! Passíveis e possíveis.

Ficamos impressionados quando, em tão pouco tempo, alguém consegue ocupar em nós um espaço livremente, o mesmo que há anos segredamos a nós mesmos. Ficamos desconcertados com a capacidade do outro de adentrar com cuidado e delicadeza, deixando-nos em constante estado de reflexão!

Sincronicidade... Sintonias.

Quando outrem nos olha como somos, primeiramente, assusta. Quem permite? Nem um sim, nem não. É. Detalhes!

Certa vez, meu coração fez uma volta desafiadora, pensou que era superpoderoso e incapaz de se envolver. Mas foi realmente surpreendido. Contemplou outro, inesperadamente, e não é teoria dizer que o sentimento chega sem bater à porta. Por vezes, dá sinais, e a autossuficiência resiste até que, de repente, carinhosamente, cede. E não é um ceder qualquer, nem submissão. É a diferença!

Espelhos!

Olhos revelam... Embora não queiram, está para além do que se possa disfarçar. E é bonito contemplá-los. Não mentem! Não enganam... E, felizes os que conseguem olhar o profundo, pois é o mais sublime de nós. Transpassa o tempo, a distância, os espaços entre tantos...

DAS MORTES

Chegamos à beira de um abismo e percebemos quão frágil é nossa capacidade de transcender aquilo que tatilmente nos é impossível.

Precisamos de fé?... Precisamos lançar as cordas para atravessar?... Coragem? O que nos falta, como seres humanamente desejosos, para ultrapassar nossos abismos?

Dar um salto e acreditar que, do outro lado da margem, não estaremos à margem de nós? Que conseguiremos ir além do que, simplesmente, voltar? Ou caminhar novamente pelo mesmo caminho, porém, voltando?

Enfim, de que precisamos?

Talvez a grande angústia da vida seja aquela de escolhas falhas. Ou, de colocarmos nossa vida à prova e chegar à reta final com a sensação de tudo errado... Ou, arriscamos e encontramos aquilo que nos acolhe, de forma que nunca queiramos sair do lugar...

(...)

Parte de nós em busca de seus inteiros...

Sem clichês, mas não consigo desenhar a vida se meus olhos não desejarem aquilo que é objetivo em verdade para mim, não consigo sentir o gosto das pequenas coisas se não as observá-las detalhadamente. Não consigo conceber relações que se amarguraram, não consigo vislumbrar felicidade em atitudes forçadas e artificiais, não consigo ser política quando o assunto é hipocrisia...

Tenho tantas perguntas e tantas sentenças de mim...

E essa autocondenação que trazemos de geração em geração? Precisaremos de anos de terapia para absorver e tirar de nós tanta culpa acumulada...

Culpamo-nos até por aquilo que passa pela cabeça e nunca realizamos... Um sentimento de culpa por sentirmos e não ousarmos fazer. Até onde deixaremos fazer nossas repressões matarem nossa verdade?

Quem é você para você?

Será que a culpa não nos impede de ultrapassar o abismo e ver o que há do outro lado da estrada?

Se for preciso matar, que seja o mal.

Se for preciso morrer, que seja para gerar vida nova.

Se for preciso deixar, que seja a porta aberta...

Entre "se"... Arrisque-SE!

Só não SE acomode.

JANELAS

Por tantas vezes, eu quis fechar aquela porta... O barulho lá fora estava ensurdecedor... Tapava os ouvidos! E o meu barulho interno me ensurdecia. Na incapacidade de fechá-la, abri-a.

Eu tentei fugir, fiz que não vi, que não ouvi! Mas morria por dentro... Uma morte em vida, que não há como mensurar em silêncio.

Procurei novamente por barulhos...

O que acontece? Será que os barulhos pertencem à minha incapacidade de fazer silêncio?

____ Preciso fechar os olhos, pois aqueles detalhes do entreaberto me chamavam a voltar. A abrir a porta e seguir...

Eu não quero voltar, quero ficar às escuras como se a promessa do tempo fosse apagar as luzes. E, eu as cumpriria como se aquilo fosse a verdade absoluta em mim... Entre sons e silêncio! As portas do meu mundo ora se fecham, ora se abrem... Talvez eu prefira as portas fechadas, as ausências, as partidas, os cinzas...

Por que não suporto a certeza do hoje, sabendo que o amanhã não me permitirá que alguns permaneçam?

A vida é parto, partida... Saída para...

Não sei se conseguirei fechar de uma vez a porta e permanecer no silêncio e no escuro. Então, vou deixando as frestas, mas a maior parte da porta se mantém fechada...

____ Não entre sem bater!

As janelas da frente são de vidro, quebradiças. Fico invisível aos que passam...

Olham-me sem ver, escutam-me sem ouvir...

Meus olhos ainda insistem em olhar... Em perceber! Que busca é essa que nunca finda?

(...) Ouvi um barulho além de mim, cujo som soou como fechadura... Apagaram as luzes, fecharam a porta...

E eu...

Fiquei aqui, de fora...

___ Entre! As janelas são transparentes...

VEM E NÃO PEÇAS!

E se eu não sentisse na mesma intensidade/frequência/sintonia?

E se minhas entrelinhas gritassem, quem poderia julgar? Não ouses, é fundo demais para entender... Cairias no sem fim...

Insensível? Sentimento é tão intelectualizado que, se fosse estampado, todos viveriam sentindo... E muitos são esconderijos de nosso mais profundo ser.

Permanecem sem serem ditos, expressados, verbalizados...

E se eu passasse a vida inteira caminhando sem esperar chegar? E se eu desejasse um porto? O chão é tão raso assim?

E se eu vivesse esperando ser amada da mesma forma que amo? Será que seria? Crendo que os sentimentos estão além do que é palpável... Mensurável... Óbvio!

O que esperas de mim? O que queres? Por que tantas perguntas? Silencia...

E se não respondo/correspondo ao teu vazio, pedindo para que eu prometa a eternidade?...

Por que aqueles que não pedem ficam? Ocultam!

E por que esperas, enfim? Oh, alma minha, eu grito por saber, sem querer ouvir. Quanto poder intocável em mim!

Oh! Sofrimento meu, por que minha alma sincera se encontra e desvia daquilo que poderia? Vens e me pedes. Não peças!

Quisera ter o dom de não fazer crescer, de apenas palpar/tocar aquilo que posso dominar! Pede! Não posso...

Revela-te. Invade. Sê sem esperar que eu seja. Ama sem esperar que eu ame, sente sem esperar que eu sinta.

Vem e talvez eu vá contigo. Incondicionalmente!

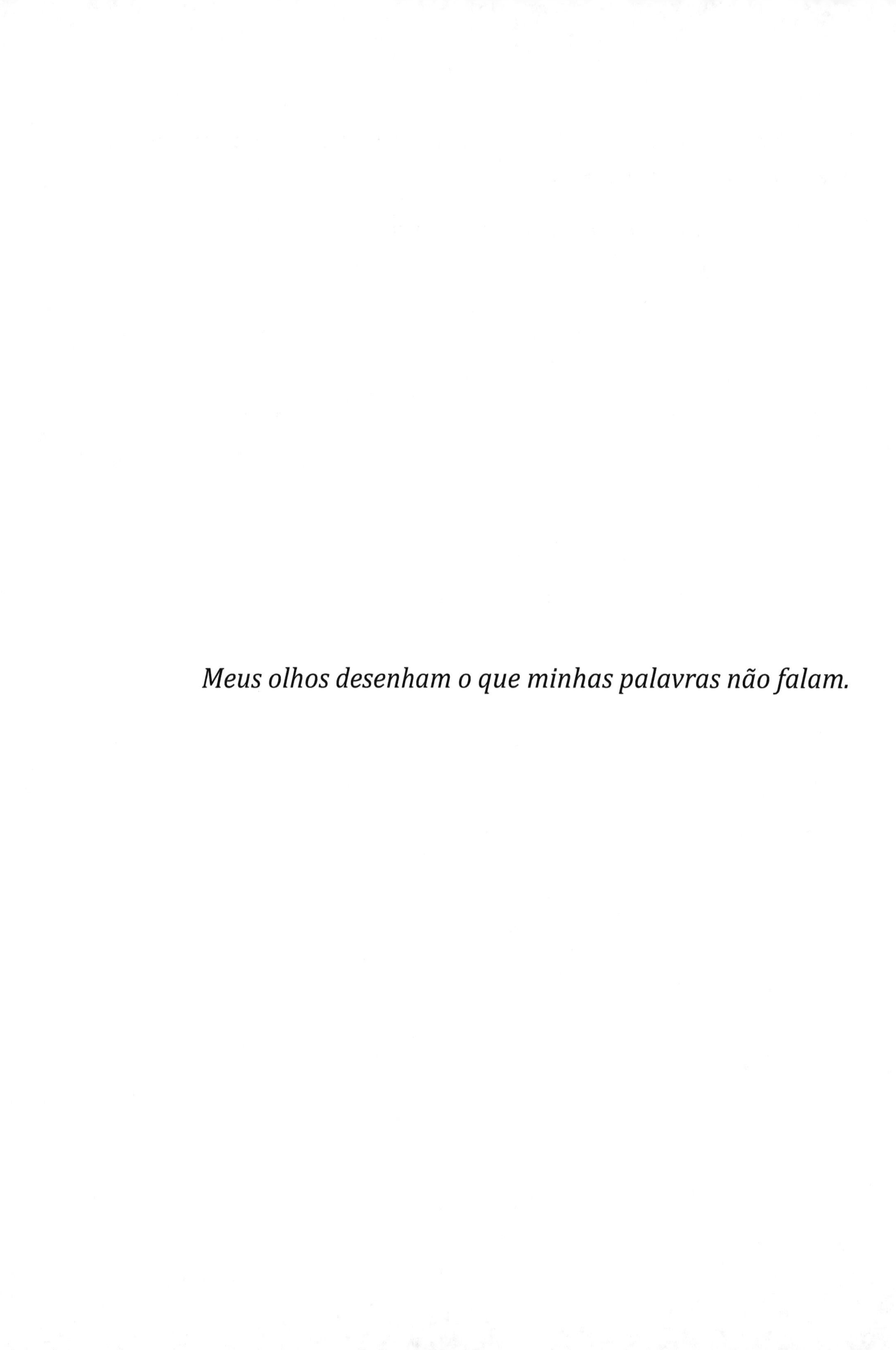

Meus olhos desenham o que minhas palavras não falam.

OLHOS

Estava revendo minhas impressões digitais. Quanto de mim ainda vou descobrir? Estava vagando entre meus anos, observando minhas histórias. Quanto ainda hei de viver?

Não posso falar de plurais, mas de singulares. Minhas singularidades. Posso até tentar falar de outrem, mas sequer posso querer desvendá-lo, pois mistérios são mistérios, e há pessoas-mistérios... Não quero me desesperar se pular em um rio acreditando ser imensamente/intensamente profundo e bater com a cabeça em uma pedra, quebrar o pescoço... Morrer assim? Há de se ter uma maneira melhor.

Fico observando aqueles que falam. Muitos falam. Muitos querem ser ouvidos... Eu ouço, mas não escuto tudo. É necessário selecionar o que ouvir, senão quem somos nós? Seres cheios de pensamentos advindos de outros pensamentos? As estatísticas dizem que tal percentual foi protegido pelo sim que deram aos pensamentos de outras milhares de gerações. Onde estou? Onde me incluo? Não aprendi a pensar também? Nossas grades de proteção estão parecendo cercas de madeira velha, afinal, queremos alguém que as invada, que as quebre e construa algo nesse espaço entre o eu e o outro...

Bem sabemos, também, que esses vãos, em certo momento, viram paredes de ferro. Claro! Ninguém quer ser roubado de si mesmo e depois, simplesmente, abandonado.

Olho-me no espelho... E o que vejo senão eu mesma?...

[Neste momento houve uma pausa e fiquei pensando que o outro, quando é espelho, fica numa relação, no mínimo, impressionante! Note! Há os que amam e há os que odeiam (mas, amam)! Identifique-se!].

Defronto-me com cada risco expresso, cada sentimento contido, cada momento de saudade... E há aqueles que nunca voltam, há aqueles que nunca partem...

Noto que olho para mim, mas também noto que não seria o que sou se não houvesse o outro responsável pelo meu crescer, sofrer, amadurecer...

Minha primeira relação de afeto: meus pais. Cada canto eu conto! Os passos seguem. Posso garantir que aqueles que passam ou ficam não querem ser mais um/uma. Quando há afeto, há também o desejo de ser único (a). Não estou falando de ter, e sim de ser. Não sou mais uma na vida de alguém. Sou alguém para outro alguém. De fato, sou alguém quando me faço alguém e não vejo alguém como ninguém. Em quanto tempo vamos notar isso?

Quem machuca, ofende, expõe, não se olhou no espelho, nem, tampouco, se viu... Quiçá verá o outro! Não é discurso. É humano!

Mas, de repente, você me diz: eu me olhei, eu me vi. Só viu você, não a outrem. Olhares. Cuidados. Talvez seja o último deste ano, talvez não. Não cobro, mas deixo aqui expresso. Ainda é tempo! Veja além dos seus olhos!

TRISQUEI

(...)

Abrir mão daquilo que sempre sonhei! Esperar o tempo certo ou incerto! Querer a sombra que passa...

"Passa, tempo, e leva tudo que eu não consigo abstrair hoje..."

Viver é o risco de doer!

(...)

As paredes gritam e o som de uma batida na porta faz com que eu a abra! Fui até ela na confiança de um bem universal a reger aquilo que não me era visível ao primeiro impacto. Era cinza lá fora, porém, a tez era branca.

Sim! Tornei-me crédula ao vislumbrar a revelação daquilo que não está dito e nem estampado naquele rosto que me olha, naquela mão que é estendida sem prévia e no que há por trás daquilo que, ousadamente, faz-me criar expectativas. Estendi a mão.

Viver é o risco de se enganar!

(...)

Mudarei minhas rotas! Palavras voam como o vento. Vêm e vão! Retornarei aos antigos caminhos como viajante. Caminharei à frente, encarando o desconhecido com a coragem que ontem eu não tive.

Viver é o risco de dar certo!

(...)

Outra vez jaz. Quem me olha não me vê... Quem eu olho não vejo... Não tenho alento. Não me decifre. Deixe que eu fale! Ou melhor, que eu cale. E talvez eu pare.

Viver é o risco de desistir!

(...)

Não consigo ir além do que minha alma consegue alcançar. Ou estou tapando as frentes de tudo que é claro para me esconder nos mistérios. Novamente minhas incertezas me fazem seguir por aquilo que me soa inseguro. Estou cansada, apontada, julgada, desolada... Quando recomeçar?

Viver é o risco de errar!

(...)

Não sei entender os silêncios. Por ora, só ouço ecos. Minhas dissonâncias não falam mais subjetivamente. Quero os objetivos. Quero o que está descarado, escancarado, verbalizado. Quero o dito! Tudo que ressoa, contraria, que me torna desconhecida de mim.

Viver é o risco de se perder!

(...)

No fim, o sorriso, um sentir. Aquele que não tem nome vem e me transforma. Aquele que me abastece, incentiva, estimula... Chega ingenuamente, faz-me desejar, querer, continuar... Amar...

Viver é o risco de ser feliz!

E pode ser tão rápido e perdurar uma eternidade...

Há de haver encontros e desencontros, amados e não amados, perdidos e achados, enganos e desenganos (...). Tantos, tantos e, entretanto... Viver é...

Arrisque-se!

AGUARDA A CHUVA

De repente, o calar e, assim, devemos permanecer no silêncio da incompreensão! É, eu sabia/intuía/sentia... Mas é a teimosia do afeto! Sentimentos sempre nos pegam de jeito. E coração fala? Não... E, mesmo assim, taparíamos os ouvidos! De repente, uma despedida e devemos permanecer com os braços estendidos, simplesmente, olhando à distância... Acostumando-nos com o desacostumado! Sem ao menos ter o que argumentar... Calar, respeitar! Deveríamos estar com proteção, antes que viesse a chuva. No entanto, confiamos na previsão do tempo, que dizia: sem pancadas de chuva no fim da tarde! Deveríamos saber que essas previsões nem sempre condizem com a realidade. Os espaços foram sendo tomados pelas não-respostas, os medos foram se tornando resistências e reticências... O tempo se encarregou das decisões... Não devemos dizer quando estamos em pedaços... Também não devemos dizer quando uma faca perfura nossa alma... Não foi a primeira vez, nem a última.

"(...) Porque eu me imaginava mais forte. Porque eu fazia do amor um cálculo matemático errado: pensava que, somando as compreensões, eu amava. Não sabia que somando as incompreensões é que se ama verdadeiramente. Porque eu, só por ter tido carinho, pensei que amar é fácil. É porque eu não quis o amor solene, nem compreender que a solenidade ritualiza a incompreensão e a transforma em oferenda. E é também porque sempre fui de brigar muito, meu modo é brigando. É porque sempre tento chegar pelo meu modo. É porque ainda não sei ceder. É porque no fundo eu quero amar o que eu amaria – e não o que é. É porque ainda não sou eu mesma, e então o castigo é amar um mundo que não é ele. É também porque eu me ofendo à toa. É porque talvez eu precise que me digam com brutalidade, pois sou muito teimosa." (Clarice Lispector)

Meus pensamentos visitam lugares e pessoas. Neles deixo partes de mim para, de vez em quando, ter onde me reencontrar.

REENCONTRO

A arte de encontrar-(se) de novo! Novamente, redundantemente... Caminhos diferentes, estradas turvas! Mesmo assim, totalmente conscientes... Volte! Esquecimentos também fazem parte do reencontro! "Ah, há quanto tempo?"... Voe! Sorrisos largos fazem parte da alma que se reencontra consigo, com outrem! "Ah, o outrem!"... Parte de nós!

Réquiem de um sonho... Inconsciente...

Desatando os nós (nós)... Nóias!

Expectativas nas mãos, sons do coração! Eis o reencontro!

Há de se ver arte nos desencontros. Aqueles que nem sempre procuramos entender, que "por vezes, apenas acontecem"... Outras vezes, precisamos entender, ou não?! ___ Não.

Há de se ver arte nos encontros. Aqueles que, simplesmente, acontecem na empatia dos dias e que nos transformam. Mudam nossos conceitos, pré/conceitos, pós/conceitos. Diga-me: o que são os conceitos?

Há de se entender a arte de reencontrar?! De encontrar de novo! De, redundamente, querer encontrar quantas vezes forem desejados tais reencontros?! Intermináveis reencontros.

O que seria de mim sem os parênteses?! São meus encontros. Reencontros comigo?!

Do lado de cá, nó. De lá, nós.

SUBSTANTIVO FEMININO

Daqui uma hora? E na semana que vem? No mês que vem? No ano que vem? Que barulho é esse que faz tantos olhares ficarem inquietos e só aqueles que sentem escutam?

Pensando bem, ainda não tivemos uma ideia genial, nem fomos tão criativos, não tivemos sorte [?], não inventamos uma nova teoria sobre algo que não existe (ou existe) e, talvez, nem fôssemos tão empreendedores para algo novo. Fossem essas tais situações que levariam alguém a algum tipo de privilégio e que, muito rápido, mudariam completamente a vida. Pois, então... Não será por isso. Não me lembro de ter visto algo tão deslumbrante nos últimos tempos.

Frutos do comum... E, alguns, buscando tanto serem incomuns. Uns, entre eles, o eu.

Por que corremos tanto? Até a inspiração tem pressa! Vai ser sempre assim? Não, piora!

A meu ver, quanto mais caminhamos naturalmente, mais maduros ficamos, óbvio. Perdemos um pouco da ilusão diante das coisas (há quem não a perca nunca). Nem sei até que ponto é bom ou ruim ter ilusões!

Crescemos e aprendemos que algumas situações não mudam e outras precisam ser mudadas por nós mesmos. Sentimo-nos cansados para mudar algo. Nosso corpo se cansa... Não deveria ser assim ou deveria? Poderemos ser e ter tudo?

... (...)

O que será que é a vida para além das expectativas e das frustrações? Paciência... "Um dos 1001 motivos para que você possa ser feliz: seja paciente!". Só essa frase já me causa taquicardia. Imagine! É para pirar?

Paciência: "Virtude" que faz suportar com resignação a maldade, as injúrias, as importunações. Perseverança, constância.

Perder a paciência, começar a não poder mais esperar, suportar ou procurar. Revestir-se de paciência, esperar com calma.

Paz ciente...

Pessoas desprendidas vivem como se o hoje tivesse a mesma força de anos. E qual é a idade para o desprendimento? Fomos ensinados a nos desprender? Somos contra/controlados, condicionados, punidos, coercitivos.

Somos conscientes demais de que o relógio não para, as horas voam e parece que precisamos fazer tudo correndo... Ansiedade. ___ De/pressa! Ultrapassou o farol vermelho: multa!

Nosso corpo parece um cronômetro. A velocidade das batidas do coração avisa: paciência. Mesmo assim, insistimos. Para, mente, para! Mente! Mente.

Invade-nos uma ânsia de correr. Pensamentos sem esperas. Força extrema. O que será do minuto seguinte, se permanecermos parados no minuto anterior? Sessenta segundos? Eternidade. Rápido, rápido! Imediatistas...

E, quando chega o silêncio, ah... Atormentador. Gostaríamos até de que as paredes falassem, ou melhor, continuassem mudas e nosso mundo adormecesse tal qual o efeito de um benzodiazepínico qualquer...

Mais um ano... Tantas horas em 365 dias! Estamos correndo para onde? Onde vamos parar? O que construímos nesse tempo?... Ou desconstruímos...

Que sejam válidas as construções e as desconstruções. Algumas são necessárias... Urgentes! Aliás... Do que estamos falando mesmo? Ah, sim, as demoras podem ser rápidas também. Até os relacionamentos queremos/ansiamos por encontrar prontos, sem defeitos (de preferência). Nem há mais tempo para conquistas. Vamos direto ao que interessa? Já perdemos tempo demais...

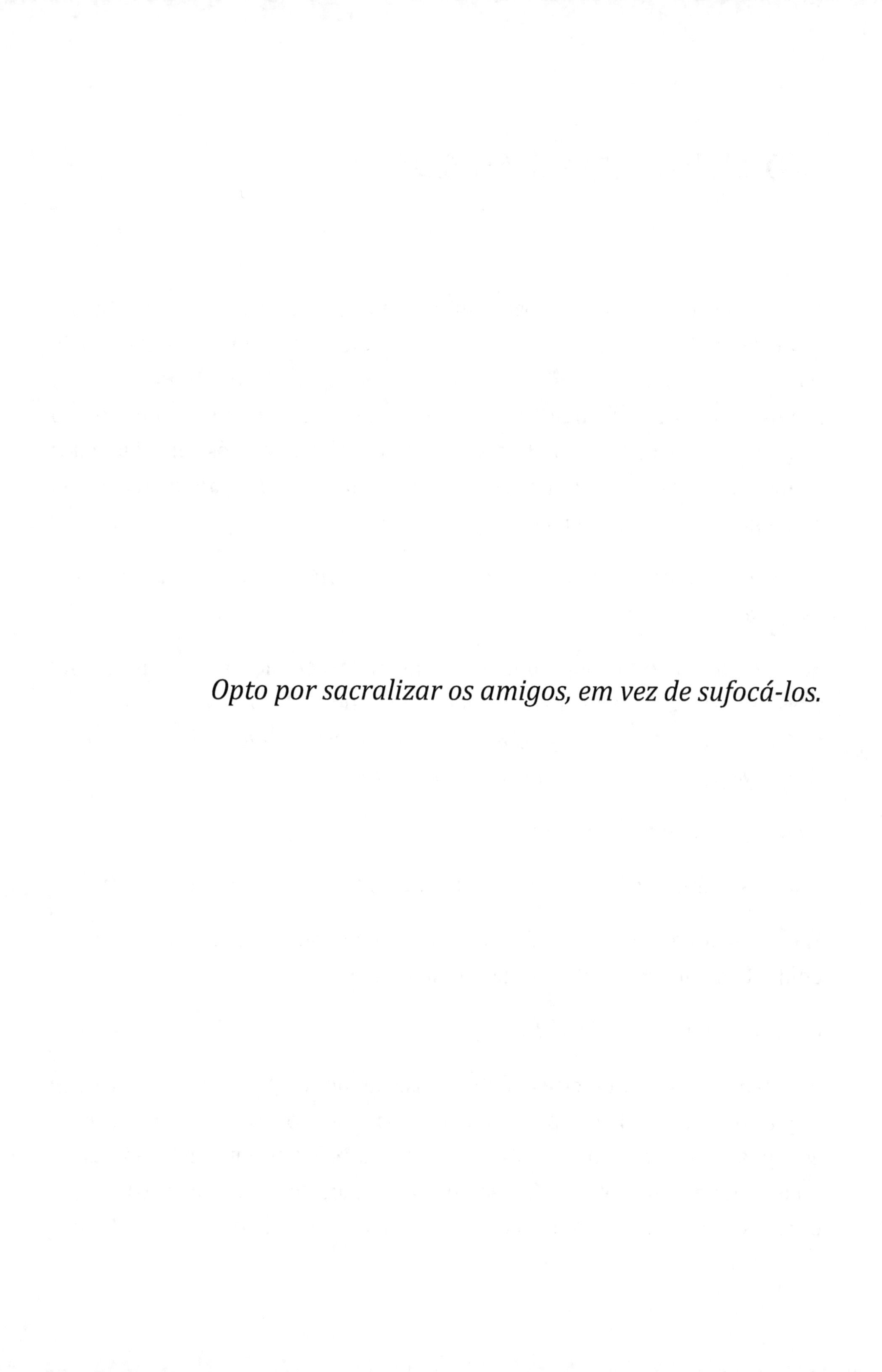

Opto por sacralizar os amigos, em vez de sufocá-los.

QUANDO UMA AMIZADE

(...)

Talvez eu seja nova demais para definir até onde a empatia, um sentimento além das palavras, pode transformar duas vidas... Certa maturidade para saber que amigos verdadeiros são para sempre. Não tenho todas as respostas, quisera que alguém as tivesse. Mas há de se compreender que o amor, a virtude e o bem que temos por alguém fazem de nós seres humanos melhores, prontos a doar, a se compadecer, sinônimo de cumplicidade... Aí está a grande sacada de viver: compartilhar!

Sorriso de amigo nos atinge a alma, faz a luz tomar conta do nosso universo!

São pessoas que se aproximam, permitem se conhecer. Deixam-se ser amadas! Amar! E bem dizia Vinícius de Moraes: *"Eu poderia suportar, embora não sem dor, que morressem todos os meus amores. Mas, enlouqueceria se morressem todos os meus amigos"*.

Saudade de amigo é dor sem fronteira!

Não ouso tentar traduzir uma distância ou, apenas no olhar, o reencontro!

Há um diálogo que transcende o nosso eu, um abraço que supera a dor mais doída. Um colo que acolhe quando tudo é escuro...

Colo de amigo é eternidade!

Perdoam-se os nossos erros, falhas, inseguranças... Que nossos extremos sejam perdoados. Deixemos os conceitos, lutemos para sermos apenas essência de nós que, por vezes, é mascarada pelos comuns incessantes de uma lamúria sem contexto. Lancemo-nos ao suposto amor maior, sonhemos com os incertos. Sejamos, pois, objetivos e subjetivos no mundo dos silêncios... Quem poderá, então, compreender, a não ser eu, a não ser você?

Essência de amigo é caminho em curvas onde nunca estamos sozinhos!

Lançar-se é gesto de coragem! Que tenhamos, então, a coragem de errar. Que seja hoje, amanhã, mas nunca passageiro. Um tempo atemporal! Sonhar sem banir os sonhos! Conscientes de que presença no tempo é espaço! Espaço tal que tem soberania, escolha, atitude!

Olhar de amigo é um sonho de realidade!

Que nossos sonhos sejam contados quando nossos corações questionarem os porquês das nossas dúvidas e da existência... E, quando a saudade é ponto sem partida, nosso chão se vai à tristeza da incerteza do permanecer.

Amor de amigo é ímpar, num universo de pares!

Sejam quais forem as etapas de nossas histórias, envelhecemos com a certeza de que a intensidade dos momentos faz de nós pessoas eternas... Inesquecível se faz o momento em que temos a capacidade de abrir a alma ao outro e mostrar algo que os números encobriam...

Não há o que questionar quando uma amizade existe... Apenas vivê-la!

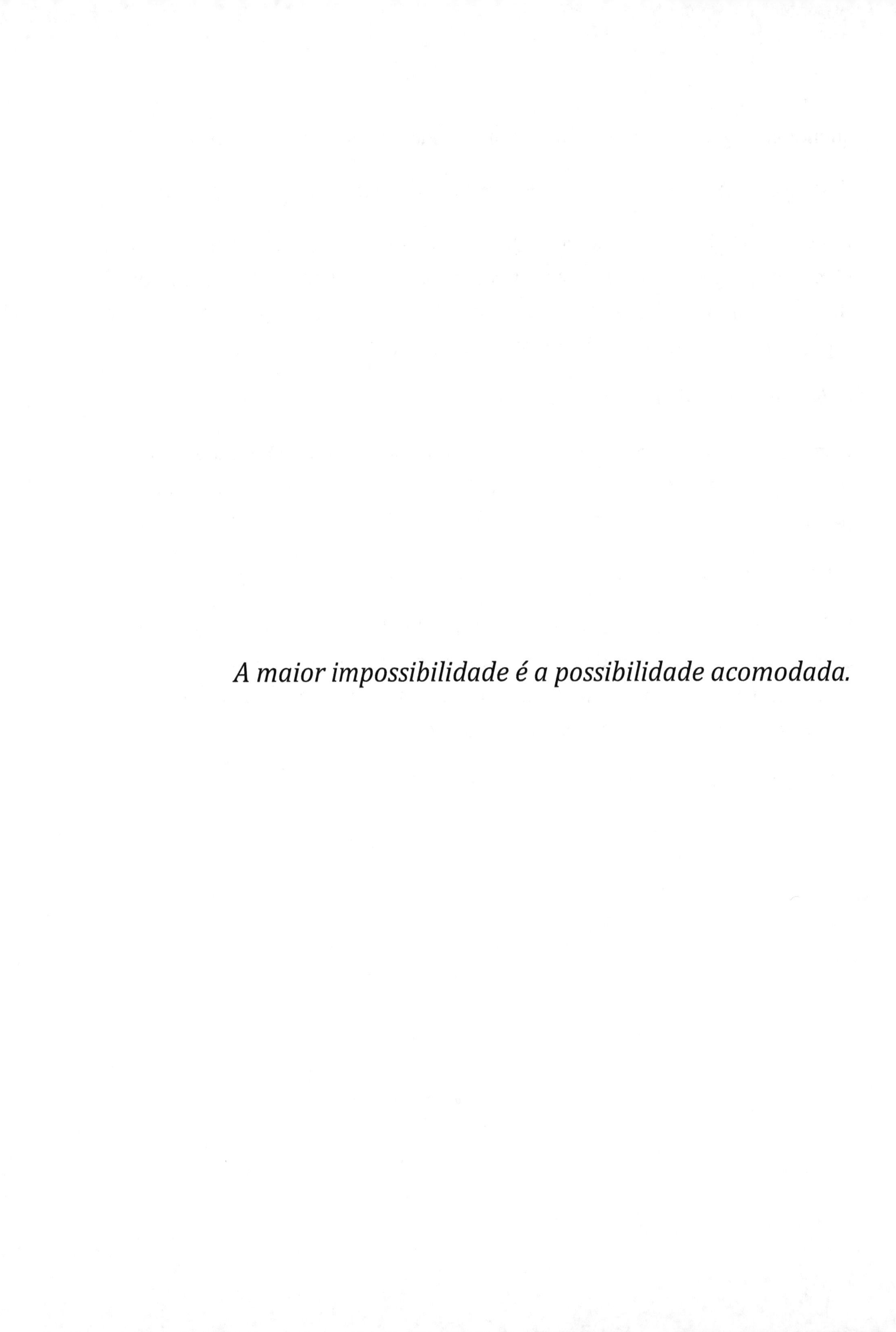

A maior impossibilidade é a possibilidade acomodada.

DEPOIS DE UM TEMPO

Parecia eterno! Nada abalaria! Era intenso e incomparável! Palavras verbalizam o "para sempre"! Em todo momento era saudade! Amor inigualável!

Mas... Depois de um tempo...

Esse que pode ser breve ou longo...

Que pode ter sido, ou não, traumático...

Que conta mil e uma histórias boas, outras nem tanto...

Existindo ou não distância física ou incompatibilidades...

Onde houve ou não diálogo...

Que faz ou fez sentido...

Tudo o que era eterno, inabalável, intenso, incomparável, "para sempre", que trazia uma saudade cortante e um amor inigualável... Torna-se um caos...

Você percebe que não tem nada de você em outrem...

Que se doou demais e não recebeu nada em recompensa, nem compreensão...

Que existem outras pessoas, gente no mundo...

Que a pessoa que você via boníssima, não é tão boa assim... Nem tão inteligente, nem tão única... Você sente que há algumas diferenças que são intoleráveis e insuperáveis...

Começa a notar um abismo entre você e a outra pessoa...

E, depois de um tempo, muda a direção do seu olhar, as atitudes...

O que há? Onde está tudo aquilo? Onde erramos?

(...) Um talvez me vem à mente. Está na incapacidade de não aceitar as diferenças? De conviver? Na impossibilidade da troca ou da incondicionalidade inexistente? Na forma de expressar fatos e suas formas? Egocentrismo? Egoísmo? Projeção? Rejeição? Na expectativa frustrada pela esperança? No abandono? Incompreensão? Na falta de reciprocidade? Nos monossílabos ou verborragias que a rotina traz? Na teoria do perdão? No cansaço? Naquilo que eu mais nego em mim mesma?

Por meio de tais citações e experiências entre pessoas & pessoas, entramos num processo de busca de perfeição alheia e cobrança excessiva a nós mesmos, sendo que, a partir de certos pontos, nos afastamos de nossa essência ou nos aproximamos demais dela e concluímos que isso reporta ao melhor ou pior de nós. Percebemos, então, que somos mortais, limitados ou, simplesmente, humanos.

EU GOSTO

Gosto da simplicidade, mas sou do complexo!

Gosto de pessoas interessantes, que tenham história e que queiram partilhar...

Gosto de gente autêntica, que me olha nos olhos, que tem a capacidade de ser humana, livre, sem máscaras.

Gosto de ser inteira, não fragmentos.

Gosto de ser, não de estar.

Gosto de poesia, música, cheiros... Mas, na medida certa. Tudo em demasia me enjoa.

Gosto de ser buscada, mas não perseguida, rodeada, sondada.

Gosto de surpresas, mas em sua medida.

Gosto da intensidade, sobretudo porque motiva, dá cor, ânimo.

Gosto de perceber, sentir... Guardar, recordar.

Gosto de ser forte, principalmente, quando posso ser fraca sem julgamentos... Afinal, quem nunca foi fraco?

Gosto de diálogos, ainda mais quando são inteligentes... Verdadeiros!

Não quero falsidade, diplomacia, boa vizinhança, acordos sem brilho nos olhos...

Não gosto dos rótulos, dos preconceitos. Eles tiram o natural. Mudam o foco! Mascaram...

Não gosto de covardes. São pessoas que não conseguem assumir o que dizem, muito menos o que fazem.

Não gosto de cobranças, de exigências, de radicalismos. Isso é agressão, violência.

Não gosto de pressão... Relações são conquistas, são livres!

Não gosto dos excessos, dos extremos, dos fúteis, de verborragias.

Não quero palavras bonitas sem atitudes concretas de beleza... O belo é fato, mesmo sendo relativo.

Não quero poesias apenas por diplomacia. Quero ver além... Os bons atos...

Não gosto de injustiças. Se o oposto existe, por que optar pelo erro?

Não quero multidão, quero fidelidade...

Não quero fama, quero marcas...

Não gosto de interesses, eles passam. Quero eternidade...

Não quero ser o centro. Já existo, e isto basta!

Meus passos farão a diferença...

SINTONIA DO ABRAÇO

Um momento...
Fica mais tempo... Num tempo, sem tempo!
Acolhe-me, acalma-me, em alma...
O tempo...
Transforma, conquista, renova...
Transborda, refaz... Acaricia...
O afeto
Enlaça-me! Recria-me, reconquista-me...
Surpreende-me!

SINTONIA DO TEMPO

Foi e voltou numa fração de segundos... Tal qual o vento, os olhos não veem, apenas sentem. Aqui jaz uma obra inacabada, que anseia pelo que está além do visível. A idade não conta, já fiz história! Compadeço-me sem pena. Presença, não consolo! O tempo espera. O tempo transpõe. Não é o hoje, nem o que foi. Apenas o que fica. *Quem és tu? A que horas vais chegar? Se fores o senhor das horas, aparece! Tens nome! Espero-te, pertenço-te!*

SINTONIA DAS PALAVRAS

Por que escrevo? São meus pedaços! Sem fragmento, apenas sinto e entrego-me. Sem máscaras, sem armas. Sou apenas... Vou continuar sendo, essa foi a minha escolha: "Ser". Posso fechar os olhos, fingir que não ouço! Vivo... Continuarei sendo.

PEDAÇOS DESCALÇOS

Em mim... Espaços conhecidos e desconexos. Vazios intransponíveis. Habitados e revirados...

Fico a pensar. Nos dias como hoje, em que eu consigo sentir exatamente aquilo que não sei expressar, pergunto-me: qual é o limite daquilo que nunca saberemos? Pararemos no tempo?

Pergunto-me fortemente contra a minha natureza, pois aquilo que, por vezes, me soa natural pode ser tão opaco aos olhos de quem vê! E poderias me ler?

____ Silêncio! Hoje minha alma não se queixa. Apenas silencia!

Sinto as dores de tantos que ainda não conheço. Amores que não vivi. Alegro-me com aqueles rostos que nunca vislumbrei. Uma estranha maneira de sentir-me parte sem nunca ter pertencido. Cicatrizes banhadas em perguntas sem respostas. E, eu fico.

Mãos, pés, cabelos. Sardas minhas! Olhos, Pátria minha, vácuos e ocultos. Por ora, o que me prende nunca ousou querer-me, apenas livremente pertenço-me. Sorrir sem sorrir. Obsessiva procura sem encontros. Água sob a língua! Inarticulado, desfeito com gosto de refeito. Um ato ao atar...

Ah, o que há dentro de mim não ousa condenar! Nem os azuis, os pretos, os vermelhos. Os olhos verdes que me viam ficaram secos. Vestiu-se de rotina, sem portas, recém-florido... Porém, inacabado.

Retirou-se o espelho, outra advertência. Um jardim de impaciência, harmonia suculenta. Confiei na nitidez de um íntimo turvo e distorcido. Uma mesa, um elevador. A dobra das calças, a fila que não anda... Que cor trazia? O que o súbito me traz? O afastamento. A distância tão pesada à minha querência.

Ponto de equilíbrio. Cadeias lógicas, sentimentos ilógicos. Teimosos e fixos. Desorganizados, e amada tolice. De ponta cabeça, de cabeça para baixo. Cruzo as mãos, entrelaço os travesseiros. Descomprometida... Sorrio do meu próprio embaraço.

O sono costuma dormir?

Procura alívio ao inexpressivo? Assusto-me com o triz pelo qual caminho, "... com os percalços pelos quais caminho." Fisicamente, sinto-me exausta. Sinto-me paralisada...

Deste lado: não era. Do lado de lá: já é.

Soubera dar o nó naquela gravata que aprisionava os sins. Viraram-se os nãos insabidos. Dividiu-se em dois. Dez escondidos traços.

Ansioso dom de ser mulher, deflagrada insônia. Pedaço por pedaço. Detalhes em detalhes.

Há rugas no canto dos olhos. Há história a não ser contada. Mistérios, tampouco, morrem de véspera.

Ligo as duas extremidades, apenas ousada mania de gostar do desconforto, do inesquecível.

Este universo de possibilidades que em mim habita.

Na música de minha consciência, a dança de meu espírito, que não desafina ao som de minhas verdades.

SEGUI O SECO

Pessoas: ainda me assusto com elas! Não perdi o ser inerente que palpita em minhas veias. Será que um dia chegarei à indiferença?

Existe uma tensão explícita entre os indivíduos e as relações. Salve as integrações que, por vezes, forçam as antipatias. Forçar? Quiçá ser eu mesma! Ser em busca! Busca? De quê?

Já dizia Freud: "a psicanálise transforma a infelicidade neurótica em infelicidade humana...". Ou seja, existe felicidade? Ora, penso que somos condenados a renunciar aos nossos desejos, instintos, afinal, somos responsáveis - respondemos por nós mesmos. Ainda há tanto a descobrir de mim para, enfim, renunciar aquilo a favor das integrações. Mentes que mentem! Sonhemos! Por fim, os sonhos são os nossos mitos! Salve as fantasias! O ciclo das nossas insatisfações traz, ora ou outra, tudo de novo! Tudo de novo...

Finito e infinito, eis a nossa tensão! Não nos possuímos, podemos até nos descobrir, mas não nos possuímos. Possuir? Descobrir-se em outro. O inconsciente está na cara! Ele é, por si só, nosso possuidor! O outro! O grande outro!

Pessoas são entendidas como mistérios, no entanto, não pense que mistério é ilimitado, pelo contrário, é limitado! Pessoas se comunicam por meio de "objetos" que, ao mesmo tempo em que são o instrumento, o meio e o próprio ambiente, podem também ser nosso próximo obstáculo. Objeto de desejo? Vai me falar que não tem? Tem, ah, se tem! O outro ainda nos é pergunta, afinal, somos perguntas... Mas não há conhecimento (conhecimento?) de outro sem relacionamento... Integrações, de novo?

"Encontro o ser no devir do outro, no seu agir!"... Ah, o outro: encontro...

Devir afeto! Afeto é temporalidade? Ou o oposto? Afinal, existe solidão com acompanhantes por aí. O abrir-se se torna uma ameaça! A mente e a afetividade. O outro nada mais é do que meu desejo narcísico?

Por que escrever sobre isso? Esvaziar-se? Talvez, não preciso responder. Sou apenas uma alma, limitada em meu mistério. O que querem de mim, senão minhas palavras e meus sorrisos? Há de se ter coragem de ser e ver além do palpável, mas o caminho é longo... O caminho das necessidades que me fez ficar distante. No entanto, és bem-vindo, bem- vinda... É tempo de vir ao encontro, se eu for ameaça, encare. Se não, integre-se! (...)

O olhar de uma partida é a certeza de quem leva
consigo metade de nós.

POR UM ADEUS

Eu o deixei partir. Fechou-se a porta e a esperança! O *"nunca mais"* existe! Quando permaneceu, parecia que o tempo era errado. Eu, tão segura de mim, diante da minha verdade e do meu jeito...

Deixei-me levar pela minha extrema/externa confiança em mim mesma... Sem culpa, minha mente busca formas de não mais estar, voar... E basta apenas querer para que, em menos tempo, já não mais...

Passado! Agi... Impulso ou não. As coisas mudaram. O movimento dos dias fez meu pensamento entender.

E por que, de repente, não foi como eu pensava que seria? Eu fiz exatamente o que pretendia: fui sincera... Você se foi!

Não era isso que eu desejava?

Que falta é esta que me abate? Que sentimento ímpar é este que me faz sentir saudade? __ Que egoísmo o meu! Você existia... Era parte de mim e, agora, onde está?... O "não voltar" existe!

Depois daquela hora que tanto esperei, deparo-me com justificativas: mas, você não era para mim... Ah, não era a hora!... Ah, eu perdi alguém que amava... Ah, agora é tarde demais! (...) *E o tarde existe!*

Há pessoas para as quais a ficha só cai quando perdem outras que lhes são caras, e isso custa o ir embora... Em alguns casos, já não mais adianta! Sorte daqueles que conseguem reverter uma situação, resgatar o que perderam, mas em casos contrários, existe o nunca mais... Até dizem que as verdadeiras histórias de amor são aquelas que nunca se concretizam...

Tantos casos, tantas pessoas e o não mais! ___ Nunca diga nunca, pode ser que ele exista! Assim como existem possibilidades, hipóteses... Minha culpa, minha tão dolorida culpa... Ele se foi!... Bateu a porta com sutileza e me disse: "Esperei que um dia você entendesse. Entendeu tarde demais!".

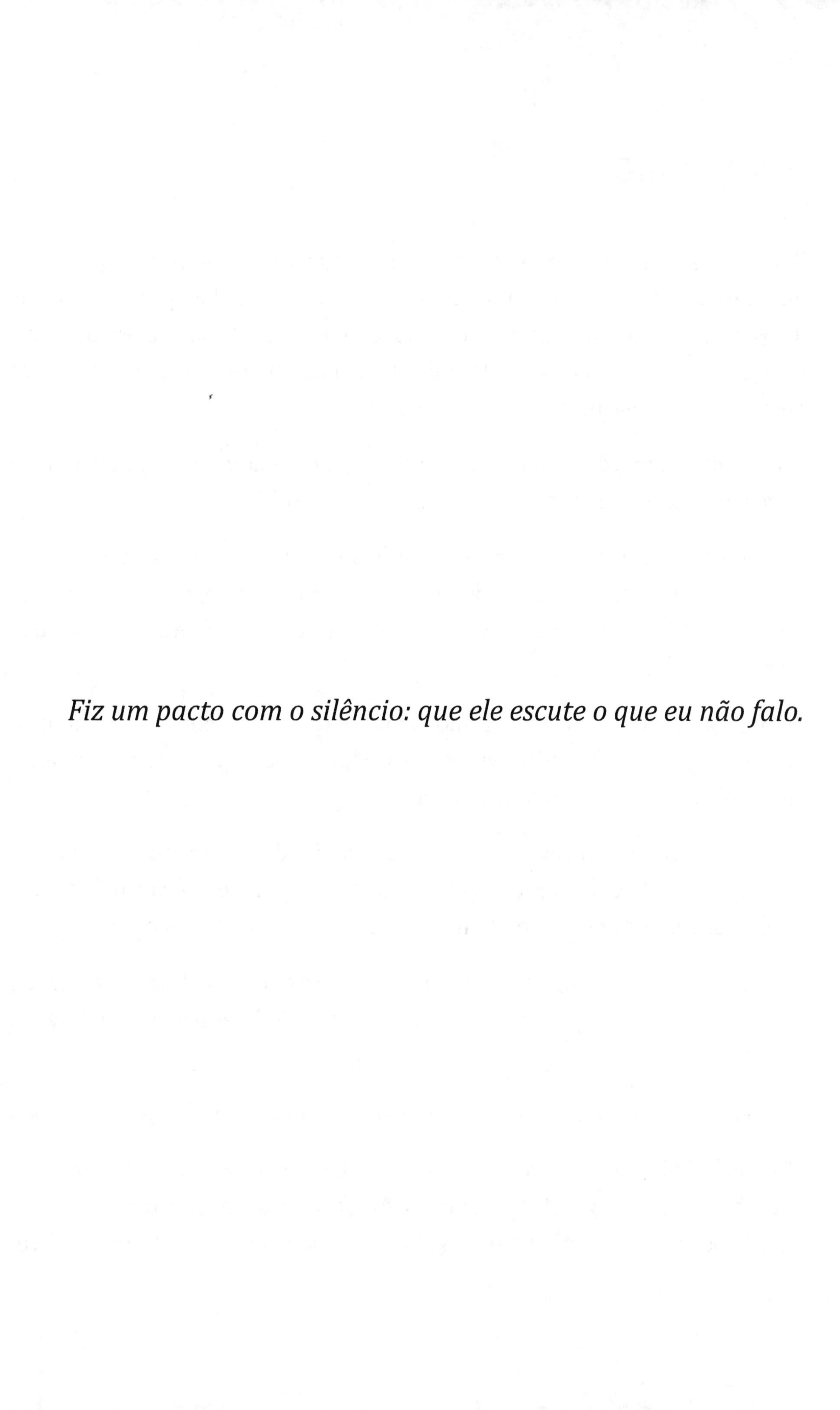

Fiz um pacto com o silêncio: que ele escute o que eu não falo.

SILÊNCIO

Por vezes, é necessário ouvir o silêncio que se faz música aos nossos ouvidos! Basta apenas o nosso coração (mente) se voltar para a ausência dos sons e transportar-se para onde cantam os grilos, os sapos, as cigarras... Longe, distante dos sons de ambulância, buzina, TV, rádio... Do barulho das questões, das situações!

Há quem tenha medo de silenciar, há quem num diálogo não ouça, há quem nunca escutou o seu próprio silêncio... Há "quens." Há!

Estamos na era do barulho, do som, da imagem. Buscamos os sons que nos façam dançar conforme a música da vida. Vamos, dia após dia, lançando-nos às novidades, ao hábito de consumir, de ter. Sem pensar. E para que pensar? Preciso?

O ser é silêncio. O ter é barulho. Dois verbos que, por ora, caminham juntos, mas com diferenças vitais. Buscar a paz é ser. No tempo atual, o silêncio é ter. Tenho, tenho, tenho. Nada sou.

É... O silêncio do seu tempo. O som que se perde. Queremos a conquista sem a busca! Desejamos os acontecimentos sem a resolução deles. Sem ouvir o silêncio da nossa dor. Sem ouvir o silêncio da nossa alegria.

Sem o ser, não há som de ter. Essencial à nossa alma é a sede do ser, do silêncio capaz de ser luz, presença, sinceridade, confiança, confiável... Vivos.

Ah, nosso corpo tem sede de ter... Tem vontade de... Tem desejo de...

Que haja silêncio nos tempos verbais. Que encontremos o ponto de equilíbrio dos verbos. Que existamos sem a lógica do determinismo. Que possamos nos encontrar com nossa alma, nosso eu, nossas aspas... Sem conceituar. Já bastam conceitos que alienam, escravizam. Já basta nosso grito mudo. A superação é o caminho dos sábios!

De onde veio o silêncio da exigência? (...) Voltemos para o silêncio e que haja discurso entre nossos silêncios. Assim, talvez haja compreensão daquilo que não sabemos verbalizar.

Não apenas o vidro vira caco, a alma também.

SOPRO DE VIDRO

Olhar um para-brisa estilhaçado... Repensar os pedaços de uma vida inteira... Nossos fragmentos, nossa alma, nossa essência... Nossos sins e nãos! O porquê de tantos pedaços perdidos em um único ser, em um único existir... Única vida...

Quantos pedaços de nós estão espalhados onde nossos passos já não estão mais? Pedaços maiores, menores... Ínfimos.

Sob uma freada, nosso corpo estilhaçado! Sob as inúmeras freadas, somos submetidos às dores de nossas gerações, às distâncias corrompidas, às proximidades eloquentes. A vida nos para! A vida nos move. Somos vividos pela vida.

À nossa volta há incerteza, olhares sem manifestação, o choque! Robotizados, vagos. Basta abrir os olhos e enxergar nossa incapacidade de movimentar nossa própria fragilidade. Quebradiços, a ponto de uma desconstrução! A única possibilidade é nossa existência, que é tal qual passível de mudança.

O chão, o céu e seus arredores, físicas, matemáticas... Simetrias e assimetrias! Em um único segundo, a mente parece dissociar o "onde estamos" do "para onde vamos!" E o que isso importa na fração de segundos que passa como um calafrio indeterminado?

Um soco, um avoar... Um sentimento de inutilidade diante de ferros, máscaras, cobertores e coberturas. Nada é diante do vaivém do que há de vir. Apenas sombra! Voltar? Para onde? Há farpas e madeira entrelaçando nossa carne, aço entorpecendo o abstrato... O invisível em sobressalto no concreto.

O que somos nós? Seres tão frágeis diante da morte, tão desconfiados com a vida... Perdemos os nossos pedaços bons quando somos surpreendidos pela incompatibilidade de sermos apenas nós. Somos questionados por nossa fome de amor, sonegados quando queremos pagar qualquer preço por aquilo que um dia sonhamos! Cacos de vidro espalhados em um chão cinza, quando nossa alma anseia por voar. Ah, sofrimento... Por que tanta insistência? Ah, felicidade, por que tardas? Apenas percebemos quando exercemos ou colocamos demanda absoluta naquilo que nos é palpável?

Almejar apenas o palpável é fraco, é raso. Negar o que há de desconhecido é negar a existência do significado simbólico que torna o inconsciente capaz de mover a máquina do tempo.

Confuso, porém real. Não os preestabelecidos, não as fachadas brancas, não os casos resolvidos, não as distâncias necessárias, não as perdas sem motivo do adeus sem motivo!

Enquanto o vento sopra e as folhas balançam, vemos o movimento das nuvens e a Terra girando em volta de nós! Estáticos, cegos, surdos! Atentos apenas àquilo a que fomos domesticados. Racionais irracionais. Suspiros, alma explosiva, bombas-relógio...

Há algo de "tão" em nós, que não queremos ver, apenas enxergamos quando não passamos de um corpo no chão, prestes a deixar de existir... Poderia/deveria ser diferente, embora haja tantos "tãos" para ser assim. Não se permita negar a própria consciência de ser tão somente o "isso" que o faz tão gente.

O LONGE É PERTO DEMAIS

(Ou é o contrário?)

Sempre há casos de distância entre pessoas, seja física ou provocada por alguma situação que separou almas e comprometeu o perto.

Será que o perto significa realmente presença, conhecimento? Ou é a partir do longe que passamos a observar atitudes que o perto não permite?

Quantos casos observamos de pessoas que estiveram perto durante muito tempo, mas não se conheciam? Namoros que duram anos e, quando se casam, assustam-se!

Algumas pessoas nos surpreendem com a capacidade de aparecer quando mais precisam de nós. Outras nunca dizem muito, mas se fazem presentes. O que importa não é o número de palavras que uma pessoa diz quando precisamos dela, mas sim, o fato de perceber/estar, no silêncio!

Amar à distância é possível, pois há montanhas que nunca devem ser escaladas!

Cuidado, se decidir escalá-las! De perto, nem tudo é tão empolgante, animador! Algumas pessoas devem ser apreciadas de longe para permanecerem em nossa vida! Parece rude, mas é real.

Pertos & perto; pertos & longes; longes & perto.

Independe a combinação, quando algo mais forte une vidas! A sinceridade está no ir e vir, e importa aquele que, nessas idas e voltas, permanecer!

DEIXA

Atualmente... Ou faz tempo?

Às vezes, é melhor deixar pra lá. Afinal, já tentamos tantas vezes, e o resultado foi a distância (maior) tomar conta de nós, mesmo estando lado a lado.

Como se já não bastasse, veio aquele turbilhão e levou ainda mais nossos nortes para longe. Levaram nossos pertences de maior valor. Ficou o que chamamos de lembranças. Tantas!

Nossas lutas: travamos por nós, em busca do, de, da? Os "partos" nem sempre geram vida. Por vezes, arrancam as raízes e nos tiram o chão. Aquele de que sempre precisamos e que deveras encontramos.

Essa instância cheia de inconstâncias leva-nos à segurança? Voltemos aos nossos primeiros passos. Tens disposição? Veremos o mundo girar para, então, certo dia, olharmo-nos nos olhos e perceber o "para quê?".

Observo-te nesse giro. Vejo-te batendo noutras portas com os mesmos gestos, falas, repetições. Procurando cópias.

Dois caminhos: surpresa ou frustração?

Que mania, não? Buscar os mesmos estereótipos, algo que nos aproxime daquilo que não temos, ou que almejamos ter e não tivemos ou já tivemos, e o verbo é ter. Triste isso! "Tem" algo errado nessa busca.

Antes pudéssemos saborear as partidas (inícios) e os fins com os mesmos sabores dos meios. É a melhor parte dos nossos recheios. Apesar de tantas vezes morno, o meio é sempre o mais saboroso. Os inícios são empolgantes e os fins, trágicos. E de novo e sempre. "Para quê?"

Por fim, o caminho de tal e tão utópica completude. Esse momento de êxtase que dura fração de segundos num ciclo exaurível entre dois palitos. Voltemos à estaca zero. Infernos internos...

Ah, Mrs. Dalloway: "O barulho é a característica do sucesso de uma festa". Complemento: o silêncio é o fim das festas e o encontro com as solidões e os resquícios dos desejos. O choro, a tristeza das dores, perdas ou a alegria dos reencontros. Sensações são as cores das percepções... E das decepções!

E...

É fácil desistir nas adversidades. Di ícil é ter humildade para aprender com elas.

DOLORES

A Pausa...
Respire...
De novo...
Outra vez...
Mais uma...
...

Abandono sem causa... O dia amanheceu e só ficou a certeza do incerto...

Estranho prazer em esperar, sabendo que tortuosos dias amanhecem sem novos encontros...

Velhos amigos que, pela distância do tempo e no tempo em distâncias, não se deram novos abraços, novos olhares... Não se renovaram...

Mulher forte que na vida lutou para no fim do dia seu corpo dolorir...

Olhares de primeira vez, que vão enxergando e cegando os amanhãs...

Violoncelo harmonizando a solidão...

Paz buscada, arte, alma, música do surpreendente...

Melancolia dos sonhos, dos rostos, dos olhares...

Quantas poesias cabem em uma única dor?

(...) Uma larga exclamação nesta manhã... Um suspiro de indignação de um depois cheio de ontem e do corpo que não percorre a expectativa de um amanhã sem recomeços, sem a força dos inícios, sem a garra do que faz brilhar.

Por mais que haja esforço, as marcas não permitem mais ingenuidades.

Sensação do estremecer, transcender... Do que é vivo e faz renascer!...

Cordas de acordes que ressoam...

Ah, se os olhos não tivessem mistérios!

Se não fossem tão profundos, não seriam capazes de alcance.

Se não fosse a teimosia, se...

Só se só, um sol sem sal, sal sem dó, dó sem aço, sem aço o nó, do só em mi, do mi que se... E se, sem si, do nada sem ti, senti!

ESCUROS

Tenho medo e minha covardia é apenas humanidade.

Tenho medo da vida que leva embora as pessoas que amo.

Tenho medo das distâncias e dos muros que elas constroem.

Tenho medo de a morte levar os meus.

Tenho medo de morrer sozinha.

Medo das noites de solidão e silêncio.

Medo de não conseguir, de não conquistar as mínimas expectativas da minha alma.

Tenho medo de frustrar aqueles que me olham inteira.

Tenho medo de não ser adulta e voltar a ser criança nas minhas carências.

Tenho medo do que não sei denominar.

Tenho medo...

Medo de me olhar e não me reconhecer.

Tenho medo de o tempo passar e permanecer no passado.

Tenho medo da idade que chega.

Da minha insegurança.

Medo dos olhares entre os dentes.

Medo dos que se aproximam por interesse e me desmoronam.

Tenho medo da maldade, da frieza.

Medo dos que não têm medo de apontar armas.

Medo da fúria, da ira, do rancor...

Tenho medo de odiar.

Medo das insensibilidades, medo das rotinas que tiram a capacidade de sentir.

Temo os que se projetam em mim, os que me fantasiam, os que me pintam com as cores que querem.

Temo ser produto e não ser vista como gente.

Temo que meus erros prejudiquem pessoas que não merecem.

[...]

Meus medos são meus espelhos e a minha impossibilidade de lidar com eles.

Meus medos são fantasmas que, de tempos em tempos, passam, e que, pelo mesmo tempo, voltam. São neuroses. São meus conflitos. É tudo o que não sei e meu inconsciente me lembra disso em algum sintoma. É tudo o que sei e que minha consciência me aponta. É meu superego lembrando que sou gente, frágil. Que há coisas que posso, outras que não consigo, outras que adoecem.

Não sou mais criança, mas ainda tenho medo do escuro...

Aqueles dedos que tanto apontam e classi icam nasceram num palácio onde a perfeição é intrínseca, e os erros estão apenas nos outros.

ESTAR

"Somos som e silêncio, ainda que nossas vozes independam deles... somos um constante ir e vir, porque ainda que estejamos aqui, estamos também em outros lugares... somos dúvidas e certezas, simplesmente, porque ambas são idênticas... Somos ilusão e realidade... Na busca de nossas metades, pouco nos adianta saber apenas sentir, pois nada significa quando percebemos que as nossas metades são igualmente sagradas e ambas se entregam à vida. Eu amo, porque tenho coração, sou humana e possuo sentimentos. O amor é a coisa mais linda de se viver e sentir... Quando recíproca, é verdadeira." (Desconhecido)

De repente, nos vemos apaixonados pela vida e por tudo que nela existe... Viver é um dom. Existir é um dom. No entanto, além de ter, precisamos ser! Somos um constante ir e vir e é através dos nossos sentimentos e pensamentos, que podemos nos transportar a outros lugares, ficar presente mesmo quando existe a distância em nossa vida. Lembranças são sentimentos que ficam depois que o tempo se encarrega de levar os momentos. Apenas ficam os fatos passados que nos marcaram, deixando cenas que não se tiram do coração. O tempo passa e, com ele, alguns também passam... Só permanece o que tem que ficar. Mesmo que não estejamos mais com o mesmo sentimento, o que ficou era para ficar, para chegar aonde chegou. Se deixássemos de fazer algo ou fizéssemos algo mais, tal momento não teria se tornado tão especial. O que ficou foi um passado intenso, mas que, de alguma forma, deixou saudade no ponto certo para ser lembrado com carinho. Não devemos lamentar coisas que em algum momento não dissemos, pois o que fizemos fez-se eterno e o que perdurou foi o amor que ficou.

Resolvi falar um pouco do sentimento que move nosso povo: saudade, amor, solidão, ciúme... Todos nós passamos por despedidas, todos nós já vivemos algo que foi único, algo que nos deixou melhores. Alguém já se apaixonou e vive seus dias em busca de um olhar que transmita o mesmo sentimento. Alguém já terminou um namoro, muitos foram de paz, outros deixaram feridas. Algum de nós já chorou de saudade, já sentiu a dor de uma perda, já se sentiu mal ou bem amado. Já nos sentimos inteligentes e nos sentimos pequenos... Já duvidamos dos outros, já perdoamos e pedimos perdão... Cometemos erros e também acertos.

Apesar de sermos imperfeitos, temos nossos momentos de perfeição e possuímos o dom de correr atrás do que perdemos. Podemos amar a vida que temos. Para nós, pode ter sido difícil, pode ter deixado marcas. O melhor de tudo é estar aqui, aprendendo com o inexplicável mistério de viver.

SOLITATE

"Pois, se tenho os olhos secos e não choro mais, inda se ouve um eco..."
(José Albano, Rimas)

Ressonância... De lembrança leve e forte... Suave, porém, acompanhada do desejo de tornar a ver. Devir. Permanece em todos os tempos verbais.

Quanto tempo hei de esperar? Um tempo não mensurável? Segundos de eternidade?

Toma conta de mim, olha-me fixamente, no mais profundo, no âmago...

Demoras, delongas. Tortuosamente, taquicárdica. Surpreendentemente, desconcertante. Introspectiva... Supõe falta, onde apenas uma presença específica supre!

Onde te escondes que eu não posso ver-te, tocar-te, palpar-te?

Mesmo que eu fugisse, me encontrarias. Levo comigo, além-mar... Atravessando oceano. Do outro lado do mundo. Que mundo?

Se eu mudasse o rumo, fechasse os olhos, fingisse que não sei... Ah, permanecerias em mim, aguçadamente, sem piedade.

Sem fronteiras. Entra, não batas! Invade! Adentra... Por que não te aquietas e me deixas?

Sublimação, sublime ação!

A quem se dirige? Apenas a mim? A outrem, e de outrem a mim. Eis a reciprocidade. Em sua intensidade, transparência!

Acorde em dissonância, tumulto dos meus dias, embebeda-me, esvazio-me. Culpa sem absolvição!

Espaço, lugar habitado! Tradução indecifrável. Sentimento passível/possível daqueles que, em determinado momento, o viveram de forma única e se tornou inesquecível, a ponto de desejá-lo por um tempo indeterminado.

Pode: hiato da palavra ditongo! Sem regras... Livre de escolhas.

Se existe, significa. E isso basta!

LIBERDADE

"Se liberdade significa alguma coisa, significa o direito de dizer aos outros o que eles não querem ouvir". (George Orwell)

Penso que a liberdade esteja conectada ao controle, ao poder, na razão e na vontade de fazer ou não fazer algo. Somos livres para fazer nossas escolhas e elas dependem de um controle logo em seguida. Temos a liberdade de sermos nós mesmos, de procurar o que achamos correto e, conscientemente, cremos que o conceito de liberdade é fazer o que se deseja. Os idealistas diriam que a liberdade provém de dentro e existe no ato voluntário de fazer o que é justo. Somos responsáveis pela nossa própria liberdade.

Deus nos concedeu o livre arbítrio e nos deixou conscientes dessa força de crescimento e amadurecimento. Nós escolhemos o lugar de nosso SIM, em vez de determinismo. Mas, temos que admitir que não aceitamos ou admitimos a liberdade ou talvez não consigamos vivê-la como nosso coração almeja, pois vivemos em um sistema e aceitar, ou não, é liberdade. Desempenhamos papéis e esses, por vezes, nos mascaram. Logo, nos prendemos e achamos que somos livres, ou melhor, nem pensamos em liberdade!

Os processos de nossa mente desafiam a forma de se viver em liberdade. Ser livre pode ser estar preso a quem amamos. Se estamos juntos, é porque somos livres para não estarmos. Se crermos que a liberdade e a predestinação andam juntas e são compatíveis, como diz Santo Agostinho, então somos livres porque acreditamos que ser livre é conhecer e obedecer à vontade de Deus.

Ser livre é questão pessoal. É mais fácil criar nossas próprias liberdades ou obedecermos a algo que nos prenda. Se virmos a liberdade no amor, devemos, então, respeitar o jeito de nosso próximo amar. Se acreditarmos na liberdade do dar e receber, aceitemos que nem sempre dá para receber em troca e vice-versa. Se crermos que viver é um ato livre, respeitemos, pois, a liberdade de escolher o modo de vida do outro.

Tudo faz parte do mistério individual de cada ser humano, de seus conceitos, cultura, etc. Afinal, ser livre pode vir a ser encarado como uma simples atitude. Quem pratica o bem se torna cada vez mais livre, pois também tem a liberdade de praticar o mal.

Pensemos agora: a liberdade implica o direito de dizer tudo o que se quer, o que se pensa, o que os outros não querem ouvir? Espero que sua resposta seja livre de qualquer prisão.

NOTE

Trace objetivos. Não deixe a vida passar por passar!

Viaje, estude, leia, corra, brinque, cante, encante, comece, recomece, perdoe, ame, faça algo inusitado, surpreenda-se, aprenda, apreenda, olhe, observe, saboreie, perfume-se, visite um amigo que há anos não vê, ligue para alguém distante, escreva uma carta, abrace, beije, expresse-se, silencie, renove-se, compreenda, sorria, chore, trabalhe, guarde algo significante, jogue fora algo que lhe faz mal, tire fotos, escale montanhas, ande de bicicleta, faça natação, mergulhe, tire férias, navegue, conheça, reconheça, encontre, reencontre, compre flores, plante uma árvore, dê um presente... (suspiro)

Há tanto para viver...
Sinta, não apenas viva!
Seja, não apenas exista!

NOTA

O dia que começa é o limiar das causas possíveis. O próprio abrir de olhos e a capacidade de continuarmos a vida que começamos, já nos demonstram que ainda há algo a ser feito. O transpirar é o que inspira novos atos. Nos dias que decorrem, pouco notamos que nosso corpo recebe tudo, e está ali "inspirando/expirando"... Que haja algo mais que objetivos: haja sentido, haja sentimento. O topo sem lágrimas de emoção é granito gelado. A vida sem coração é sinal de que nos abandonamos em algum ponto. Talvez seja preciso retornar o caminho, resgatar o perdido... Talvez alguém. Talvez nós mesmos.

AGRADEÇO

À incompreensão daqueles que não compreendo.

Àqueles que apagam as luzes as quais eu ainda não acendi.

Àqueles que sorriem de frente e, ao primeiro passo, apontam-me armas.

Àqueles que nunca conversaram comigo, mas idolatram a minha imagem e tiram suas conclusões.

Àqueles que apontam sem ver, concluem sem pensar, insistem em conceituar.

Aos esperançosos, porque são aqueles que mantêm o caos das esperas.

Aos otimistas, porque são eles que, na primeira frustração, mudam seus pontos de vista.

Aos que olham a alma alheia e baseiam a vida do outro na sua, inclusive, generalizam-na.

Aos que vislumbro no cotidiano e que com a distância, desconheço.

Aos que se aproximam com interesses e logo desencantam.

Àqueles que se julgam santos e melhores, porque a vida dá volta por sobre os "pecadores" e mostra que os milagres não são ações humanas.

Aos falsos humildes, pois, em algum momento, vão demonstrar sua pretensão.

Aos que navegam, pois há portos.

Aos felizes, pois há momentos que não cabem em palavras e, muito menos, em denominações.

Aos ricos, que só ostentam e que se desmoronam em suas fragilidades.

Aos pobres, porque percebem os valores e os significados.

Aos ignorantes, porque se acomodam em seus quadrados e preferem a cegueira, a respeitar o insuportável saber do outro, ou a sua própria capacidade de ver além dos preconceitos.

Aos pseudo-amigos, porque é em suas ausências que conseguimos ver os que importam.

Aos poderosos e seus cargos e salários, porque desconheço a realidade deles e não os posso julgar.

Aos que, com suas invenções e mentiras, destroem relações. A maldade existe.

Aos de bem, aos de mal, pois só assim saberei a diferença.

Aos que partem, porque nos levam onde nossos pés não alcançam.

Aos que ficam, porque nos ensinam a continuar.

A todos que, direta e indiretamente nos formam, nos fortalecem e nos ensinam que a caixinha de surpresas pode existir em tons opacos e disformes e, ainda assim, surpreender.

De tudo, algo se tira. Tudo é muito, nada é pouco.

Os extremos nos deturpam a visão e continuo agradecendo à vida, porque só assim é possível olhar para minhas marcas e reconhecer que sou humana...

MÃE

Quando o assunto é mãe, há tanto a dizer e é tão difícil descrever essa qualidade única de amor incondicional...

Não sou tão nova, nem tão velha. Talvez apenas saiba a diferença que minha mãe fez/faz em qualquer tempo na minha vida.

Para os pais, os filhos nunca crescem. Para os filhos, os pais nunca envelhecem... No entanto...

Hoje, ao olhá-la, percebo seu olhar cansado, seu corpo encurvado e, em seu rosto, as marcas de sua história... Um tempo que age, reage e transforma.

Não sou a única filha que fala de sua mãe, mas sou a única filha da minha mãe. Aprendi com ela a arte da vida, da superação e dos recomeços. Sua força de mulher é meu maior e verdadeiro exemplo de quem não desiste.

Desde criança, queria ser igual a ela. Sou cantora, parte dela. Dom herdado em comunhão de mãe e pai. A primeira vez que a vi cantar foi como se descobrisse o significado da música. Nunca mais eu seria igual. O desejo de fazer o mesmo tomou proporção em mim. Certa vez, ouvi que seu sonho fora frustrado por abrir mão de cantar. Fez outras escolhas.

Por vezes, quando canto, ouço perfeitamente sua voz ecoando em mim. Voz firme, aveludada. Descobri que timbres são identidades, e como era belo ouvir a canção que me embalou por nove meses e perdurou/perdura a vida toda.

Mulher guerreira, firme, confiante. Naquele porta-retrato, vejo-me criança, menina carente, moleca querendo colo, abraço... Sou filha e tenho orgulho de ter mãe.

Quisera ter as melhores frases e, mesmo assim, estariam incompletas Não há vocabulário que defina sua grandeza. Deixo registradas para a eternidade palavras que um dia me foram ensinadas.

Mãe... Estão no eterno seus traços, em minha identidade.

Presentes em minha memória estão as lágrimas contidas de quando eu saí de casa para lutar... Mesmo com minhas ausências, você nunca esmoreceu! Nunca deixou de crer em mim.

Por tudo e sempre: obrigada. Sua vida é a minha maior canção. Sua história, meu aprendizado. Continuarei a caminhar e levarei comigo seu exemplo de mulher... Mãe, Helena, seu olhar foi o primeiro que me viu.

DE NOVO

Está bem! Não falaremos mais nisso! Os tempos mudaram! Não... Talvez sejamos nós que nos deixamos levar pela intolerância. Já não temos mais aquele pique. É preferível o silêncio àquele blá-blá-blá sem medida. Onde houver confusão, viraremos o quarteirão e faremos "cara de paisagem".

Já valeu! Vamos pegar um manual para não desanimar. Leremos as 365 páginas de nosso diário individual, dando pitadas de humor em nosso dia a dia. Vamos incrementar nossas paixões. Não nos exilaremos da capacidade de amar. Celebraremos e comemoraremos o dom de sermos otimistas.

Perfeito! Guardaremos nossos bons momentos, cuidaremos com afeto de todos os cartões de natal, aniversário, casamento, batizado, que recebemos de todos os nossos entes queridos e amigos. Formaremos nosso baú da felicidade, contendo palavras amáveis e verbalizações de carinho de pessoas que nem em nossa agenda telefônica estão mais. Porém, em algum momento da nossa história, estiveram ali. Conosco!

Confirmado! Estaremos naquele mesmo dia e horário em que tudo começou. Tentaremos sentir as mesmas sensações daquele momento. Olharemos para aquele ontem e vislumbraremos com o mesmo olhar que um dia nos marcou o desejo desse reencontro. Tomaremos café, chá, cappuccino, almoçaremos, jantaremos, não importa! Na verdade, o intuito é que possamos, realmente, sentir exatamente o que um dia nos fez retornar a esse ponto.

Só se for agora! Diremos as palavras certas, não erraremos como antes. Não mais faremos pirraça quando tudo estiver de pernas pro ar dentro de nós. Identificaremos nossas falhas e não mais cometeremos os mesmos desvios. Pensaremos milhões de vezes antes de fazermos aquilo que um dia fez com que nos magoássemos.

Silêncio! Fecharemos a boca quando não tivermos nada a acrescentar. Deixaremos o melhor de nós quando houver um fim. Melhoraremos o outro a partir do momento em que deixarmos nossa parte inteira, sem arrependimentos.

Ouviremos! Quando nos forem confiadas as confidências. Quando nos revelarmos através dos sentidos. Guardaremos o timbre, o riso, o choro, o soar das palavras. Trancaremos os segredos. Fecharemos as nossas portas.

Sentaremos diante de um lago e falaremos ao vento palavras pintadas. Não sentiremos o pulsar do tempo. Apenas fecharemos os nossos olhos e deixaremos que o longe nos distancie. E o perto nos aproxime. Ou, quem sabe, o longe nos aproxime e o perto nos distancie? Sem planos, sem expectativas. Sem... Nexo!

Ok, tudo certo? Podemos bagunçar tudo de novo?

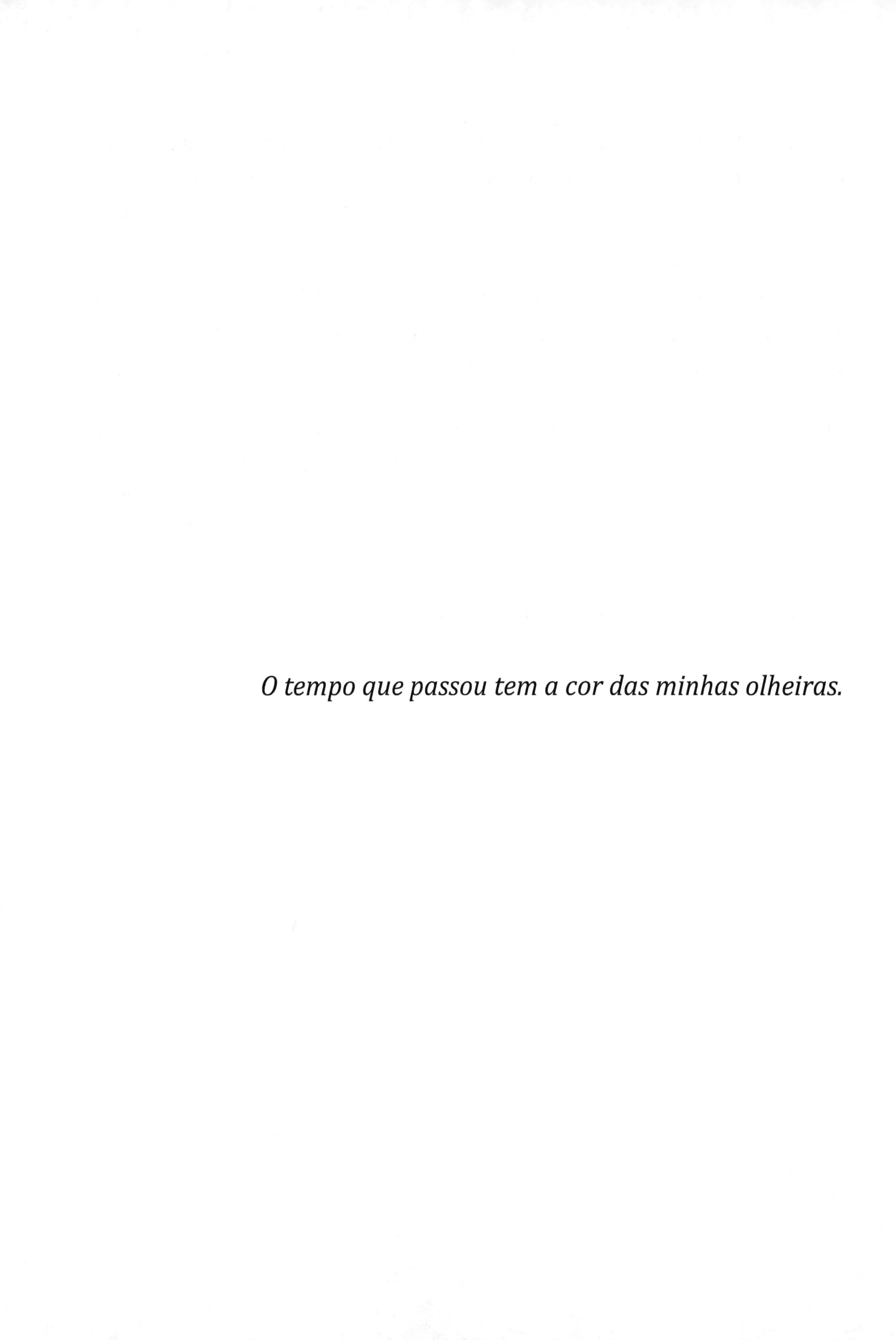

O tempo que passou tem a cor das minhas olheiras.

O TEMPO E A ALMA

Sofrer com a falta de tempo, tantas vezes, é conformar-se em perder a própria alma. Amamos apressadamente, apaixonamo-nos apressadamente, sorrimos apressadamente... Nossas intensidades mudam logo o foco. Buscamos super/estimular as ocasiões em nós... E, percebemos que tudo passa rápido demais. Vivemos como um motor com vida útil determinada.

Quanto mais velhos ficamos, mais aprendemos a diferenciar e selecionar os momentos, mas as paixões continuam angustiadas e cresce em nosso íntimo a ideia de que a felicidade não existe. As emoções que fazem parte da nossa essência não mudam, mas são encobertas, e os sentimentos que nos são raros e verdadeiros vivem independentemente do tempo, porém, não são o agora e, se o são, passam despercebidos a nós quando não temos tempo para usufruir deles em nosso imediatismo.

Nada nos parece mais constringente do que as limitações do tempo. Será que estamos preparados para viver o tempo que nos é proporcionado hoje? Afinal, o que é o tempo? Ouso dizer que talvez seja algo não controlável. Assim como os sentimentos. Se ambos não são passíveis de controle, logo viveremos fora das limitações. Limitar o tempo? Limitar os sentimentos?

Obviamente os abstratos nos desconsertam. Como o querer que um momento se estenda, um amor perdure. É como se, no filme de nossas vidas, pudéssemos deslocar a cena para o fim da tarde. Esperamos entardecer para que, assim, o momento vivido seja ímpar e possamos rememorá-lo. E aquilo permeia nosso eterno minuto. Tempo mocinho, tempo bandido.

Ora, o tempo é uma patologia da atualidade?

Vamos relacionados com o futuro. Entre tantos percalços do hoje, o que nos prende é o que será. Há uma profunda inquietude em nós ___ a perda de tempo. Acordados ou adormecidos, vivemos na superfície para um grande outro dia chegar. E vamos des/sentindo nosso hoje.

Quando eu me formar. Quando nos encontrarmos. Quando combinarmos aquele passeio. Quando... Quando... Quando?

Estamos cegos, surdos, mudos? Ou é a busca desenfreada pelo amanhã que nos faz esquecer a função do tempo?...

Futuro é imaginação. Faz parte de uma mentira ansiosa que acreditamos piamente ser a fonte de todas as respostas para um/o melhor. Esperança pertence ao futuro.

Tempo fluente, ligado no piloto automático. Pare!

Nada tem mais valor do que o primeiro olhar. Suaves olhos brilhantes. O ver é hoje. Não o amanhã. Nada tem mais brilho que o sorriso, é luminoso. O sorriso é o hoje.

Possamos lembrar o ontem, ainda que passado, para saber o que nos formou, moldou, estruturou. Mas não paramos nele. Ontem é o nosso hoje bem vivido. É o hoje que nos permite ser. Não apenas estar. Não construamos superficialidades. Passado é consciência.

Olhe o rio... Há como prender a correnteza? Não somos muros.

Somos realidades, ainda que sonhadas. Mortais. A morte é fato. A vida assim já o é. Viva.

HISTÓRIAS SÃO...

(...) Marcas.

Não se aproxime! Eu preciso de distância que mantenha meus espaços... Preciso recalcular os centímetros que sua presença retardou em mim.

Não sussurre ao meu ouvido. Preciso ouvir o tempo, selecionar as variáveis, os decibéis.

Preciso respirar o meu ar. Não quero seu hálito em minha saliva. Preciso degustar o meu próprio paladar.

Perdemos a noção de nós mesmos. Estávamos em plena taquicardia, já era dia, e o nosso mundo parava. A vida continuava e nós onde estávamos? Eu me perdi de mim. Quando me via, só te encontrava! Quem sou eu?

E agora? Onde estão meus pés, o meu caminho, o que trilhei?

Perdi-me em você. Como poderei me encontrar?

(...) Aquilo que fica.

Olhe-me nos olhos. Profundamente... Alcance-me!

Fique o tempo que lhe for favorável. Apenas dê-me espaços para ser com você.

Há espaços em mim que com você soma. Multiplicações.

Entrego-me! Não saberia ser pela metade.

Hoje não me vejo sem você. É parte de mim. Inigualável.

Dou-lhe um amor intenso, de alma inteira.

... E com o passar do tempo...

Há entregas que custam a vida... Há quem viva com medo de viver. E o tempo passa... Impiedosamente.

Há ganhos que são perdas... Há perdas que são ganhos.

O hoje a nada se compara. O que se vive no presente tem a força de transbordar os espaços, transcender os dias, deixar o infinito transparecer...

Não há nada que seja "tão" em nós quanto um sentimento que nos é inexplicável. Quando todas as cores retomam seu verdadeiro tom. Quando nosso sorriso se torna maroto e o sempre, palpável. Pateticamente felizes.

Pode não durar... Pode não permanecer... Pode transformar e fazer sofrer... São nossas marcas, nossas histórias. Particularidades que nos moldam.

Importa que algo mude em nós a tempo de resgatarmos o tão valioso dom de nos sentirmos vivos.

Que haja construção, mesmo nas desconstruções.

Eis a possibilidade de encararmos aquilo que não passa batido pela indiferença! O verdadeiro dom de não passarmos nesta vida tomados por uma apatia que a rotina nos traz. Estagnados. Morrendo dia após dia...

Quantas vezes você deixou de se entregar por medo? Por pensar demais? Passar pela vida, sem viver?

Quantos anos da sua vida estiveram mortos em dias claros? Outonos? Invernos?

Quantos anos se passaram desde que sentiu aquelas sensações únicas que tiraram o chão?

...

Já se passaram cinco minutos! Mas ainda há tempo...

(A)MANHÃ

Domingo era assim:

Ouvia a viola. Sentia cheiro de café. Ambos anunciavam o novo dia. Meu pai na sala assistindo ao programa "Viola minha Viola"... A mãe na cozinha coando o "pretinho". Em mim, o gosto de pasta de dentes: manhãs. Levantava-me e beijava a testa dos dois. Sentávamos juntos antes de o pai sair para a caminhada matinal. Ouvia meus pais. Falavam sobre os parentes que moravam longe e que viriam no próximo Natal. Falavam da semana. O tempo da manhã corria. Era dia de macarrão, maionese e frango assado. Domingo era dia de "catira". Meus tios ensaiavam para o festival. Meu avô e seu chapéu de aba larga, suas botas pretas, calça social e camisa branquinha liderava a turma. Viola é minha raiz. Domingo tem cheiro de passado. Do que não volta. Um tempo despretensioso. Eu era criança. Meus pensamentos não focavam preocupações. Eram cheiros e ouvidos. À tarde era violão. Os vizinhos juntavam as cadeiras. Cantávamos juntos. Eu arriscava as notas. Cantava, e a música era quase uma missa, que terminava às 19 horas com o rito de comunhão, na igreja Nossa Senhora de Fátima. Roupa especial, sapatos para a ocasião. Alma pronta para iniciar a semana. Infância tem cheiro de roupa nova.

Domingo era assim. Início que aspira ao reinício.

Não que a infância seja melhor, mas a nada se equipara. Eu era/fui criança... Verbo no passado. Já não posso voltar aos meus nove meses iniciais. Não posso voltar. A ordem é o tempo. O tempo é ordem.

Na solidão da minha escolha, meu domingo é cansado. Não há viola nem café. Há louças empilhadas esperando minha coragem. Ato que, por ora, apenas olho. Relembro e revivo. Desejo reinventar-me. Voltar. Beijar a testa dos que amo, sentir que não envelhecem... Vida é tempo que passa, é memória que se guarda. Quisera compreender mais cedo... Meus sonhos me afastaram desses jeitos e cheiros. Ouso novas manhãs. No entanto, a minha alma se consola com os voos que possibilitam revisitar aquele ontem. A mulher feita precisa descansar. Amanhã é segunda-feira.

Jurou voltar em (a) gosto, esperou doces anos (des)gostosos.

VIAJANTE

No meio da estrada... Os carros pararam!

Um barco também pode parar no meio do mar!

Estranho se não fosse assim.

Egoísmo é intrínseco, não me diga o contrário. Seria benevolência demais. Está bem, vamos transcender o espaço habitado que antes era caos, vamos intuir novos versos. Escolhamos habitar, estar, pertencer. Sabemos que toda forma de habitar gera riscos. Decido continuar. Pular fora do barco, em alto-mar e aprender a nadar, ou deixar o barco ancorado à margem. Âncora funda, profunda. Ficar a olhar o mar e deixar o barco ir. Ir em busca de novos cais.

Algumas coisas podem ser provadas sem que se paguemos com a vida. Estar no barco ou voltar à margem. Aprender a nadar. Voltar ao barco. Possíveis. Possibilidades.

Estamos acostumados a aumentar a proporção das coisas. Temos a estranha mania de calcular demais, criados à margem da sociedade lógica. Acabamos não vivendo o simples, preferimos os complexos. O que direi da vida se viver à margem? Envelhecerei. O que deixarei de mim?

Eis... Aqui jaz! Nascendo de novo! Ambíguo e é assim. Ambivalente!

Um ser em experiência, empírico. Fim de uma busca. Início de outra. O que me cabe dizer é que o universo se inverteu. É. O meu universo se inverteu... Patavina e patacoadas.

Questionam-me o porquê das palavras tão melancólicas. Pensei: escrevemos aquilo de que estamos "cheios". Clichê. Porém, contudo, todavia... E o que há de mal?! (A não ser para mim?). Eu até saberia descrever o incômodo causado pelos solitários, prefiro abster-me aqui. Não é hora.

Minha melancolia esperou a vida inteira para ser o que é. Há história quando alguém se torna melancólico. Queria não dizer de mim, afinal, nada do que sou pode me pertencer. Inconstâncias...

Ah, alma reticente. Deixar é melhor que partir... Mas, agora que já estou aqui, vou até o fim!

Jogar a âncora e nadar. Há muito de mar em mim, nas entrelinhas.

AMBIGUIDADES

Não sou de verborragia, mas começo a descrever aquilo que passa por mim e não cala. Palavras são sempre palavras ao vento. Quando editadas, soam eternas e possuem força para atenuar algo que a minha subjetividade mantém obscuro.

Não vou pensar em português, ortografia, e sim, permitir que meus sentimentos deslizem pelo teclado. Não sou tabula rasa. Algo existe!

Não sei quem escreve, se é apenas lapso de essência ou minha ansiedade diante daquilo que não tenho e nunca vou ter: sanidade. Não sei se alguém é capaz de optar pelo sofrimento, mas os caminhos são mutáveis para quem erra. Existem as vertentes! Outros meios! Não insista! Se errou, mude o rumo!

As racionalizações me fazem sobreviver. Percebo que dentro de mim há caos. Não gera vida, apenas alimenta um sorriso. Minh'alma é criança irresponsável, mas criança cresce e se vê adulta, tendo que resolver problemas! Problemas são partes retiradas de um todo!

Afinal, o que nos pertence se fugimos de todas as respostas?

O que sei é o que há, e o que há tem força! Sou um ser no aqui. Tenho um passado que, a partir de um dia, ficou para trás.

Sou um ser que não sabe, nem sei se saberei, porque o que virá é uma hipótese de também não ser. Entre saberes e sabores, não se limita um ser narcísico, mas não posso negar aquilo do qual eu sou a protagonista. Devo, portanto, cuidar daquilo que é meu e o que pensa em mim. E, se aquilo que existe é pensamento dentro de uma partícula divisível, logo me vejo e sinto-me vida.

A pequena partícula talvez nem eu saiba por onde vaga. Não tem volta, existe. Outra parte do meu centro é condicionada às respostas comportamentais levadas à integração, sociabilização, identificação, invenção! Outras partes formarão um vínculo, esse que poderá produzir ondas de um todo estruturado, mas com partes diferentes e caminhos iguais. Em um determinismo estabelecido, perde-se a identificação e, quando forem compreendidos os fonemas do concreto, as vogais de certa cartilha são distintas das consoantes! O livro confuso de nossa vida!

Não mais encontrarei aquela parte de mim. Estará sem tempo, sem espaço, sem mundo nem fundo.

Seguindo contrários. Em um concreto abstrato, objetivo subjetivo, de certo errado, de bem mal, de belo feio, de uma alegria triste, de uma coragem medrosa, um ódio que ama, um som surdo e um sonido mudo, um andar parado, um insano são, um calar que fala. Uma fala que cala! (...) Passos incertos de um mundo mudo, do avesso.

AUSÊNCIA

"O ser é e não pode não ser; o não-ser não é e não pode ser de modo algum." (Parmênides)

Uma presença pode perpetuar-se? Como, se o tempo é mutante? O ser não é mutável, pois, se fosse, não seria ser. Tempo, histórias, momentos, partilhas, alegrias e tristezas. E pode ser saudade! Então o ser é.

Altos e baixos, vírgulas e outras acentuações... Há quem acredite na reciprocidade, sinceridade e confiança. Mas há quem se engane!

Quem está vivo sofre pelas suas expectativas, pois tanto podem ser surpreendentes, quanto fatores de rompimento. Quem espera algo está fadado a sofrer uma frustração, mas quem não espera? Estamos fadados, portanto, a futuras frustrações! Que fatalidade!

Relações são tentativas de encontrar no outro a projeção do ego que não encontra respostas em si mesmo. E sempre estaremos nos relacionando, mesmo que não entregues, mas ainda assim, em relacionamentos, em interações com o universo!

Nietzsche, em seu livro *"A Gaia Ciência"*, escreveu que o amor é o desejo de posse sobre o outro e, cansar-se de uma posse, é cansar-se de si mesmo! Aproveitamo-nos das vantagens criativas de estar com alguém e ser no outro. E, de repente, no dia após dia, cansamos, não é mais! E o nosso corpo fisiológico procura suprir... Ou reprimir!

Aquele ser estranho, que sabe de você, silencia sua alma. Não há consenso e, sim, contrassenso. Mudou, transfigurou! Virou ontem, museu.

É realmente admirável quem consegue dividir durante cinquenta anos! Porque tudo, atualmente, leva ao individual sociável. Individualização da individuação.

Questionamentos sobre o ser tornaram-se filosofia de poucos, dramaturgia! E quem se preocupa com metafísica? Ontologia? Os gregos? O idealismo ficou para Platão: "a perfeição está além do belo."

O que significa, permanece! E só permanece o que significa. Quanto cinismo ao generalizar os sentimentos como verdades da alma! O sentimento é nível alcançável, mas não é tão comercializável. Vender sentimentos e trazer respostas emocionais tornou-se o sensacionalismo do momento.

Vivenciar o Absoluto é estar além de toda e qualquer fundamentação, por isso é que Ele está além de todo e qualquer cansaço humano. O Absoluto não pertence aos nossos quereres limitados! Portanto, o ser, o amar, o pertencer não são tão vendáveis e palpáveis. Esse método não passa de empirismo, nada justificado. Não experimentado.

Viva a entropia desse sistema, em que nada se cria, tudo se transforma. E que venha o futuro...

A voz se cala, mas o canto alcança.

DEGRAUS

Há muito a se decifrar sobre os sentimentos humanos. Muito a se desvendar e... Nem sei se deveriam ser realmente desvendados... Pois, o mistério do sentir ultrapassa barreiras do tempo, e alguns sentimentos perpetuam sem nunca serem entendidos ou verbalizados. Trago algo que me fez refletir após descer os degraus de um palco nos últimos tempos: cantar é sublimar! Posso ser um caso a parte, posso apenas falar por mim, e... Por mais ninguém!

Quando desço os degraus do palco, percebo o quanto ainda tenho que interpretar minha vida e o quanto o meu mundo é diferente do que apenas ouvir os aplausos e um público sedento, perante o qual tenho a responsabilidade de ser instrumento de paz. Eu canto pela paz! Eu canto por aqueles que não têm voz e sinto que meu instrumento desafina se eu apenas depender dos degraus que me fazem içar mais alto do que a maioria das pessoas... Não tenho vocação para falsa humildade, acredito que, se estou há 16 anos numa função, a desempenho bem, contudo, não encontro sentido em fazer desses degraus a diferença na minha vida. Eles apenas contribuem para melhor falar e cantar, mas não desejo que as pessoas vejam apenas uma representação e, tampouco, vejam perfeição em um ser humano tão limitado quanto eu! Olhos que sabem ver são capazes de enxergar o transparente. Apenas humana, pessoa! Gente! Capaz de ser única e exclusamente eu, e mais nada.

O TAL

Cá estou com as minhas saudades inabitadas... Aquelas que geram as minhas melancolias de tudo aquilo que não foi, mas que continua me tirando palavras: a tal inspiração.

Quanto mais eu caminho, mais me perco. A todo instante eu me deparo com o que não sei: o tal desconhecido.

Volto a algum ponto da história, e o que há? Uma vontade desmedida de não parar... O tal caminho.

Até onde devo ir? Estou repetitiva, olho para os detalhes e gosto do que vejo, mas parece que não vão ficar. Ah, como almejo que fiquem! Mas nada é tão estático assim.

Quisera que tudo parasse: a tal esperança.

Bate mais forte quando partes de dois opostos se unem. Algo se altera na física e na química universal: o tal desejo.

Pausa... Não me siga!

Vamos denominando os sentimentos, rotulando nossos anseios, conceituando nossos passos, medindo direções. Buscando explicações em tempo integral, de olhos vendados. Aguardando o caixa eletrônico nos entregar o que queremos. Só falta a senha!

Questionar vale a pena desde que estejamos abertos para lidar com o que não está respondido. Questionar e racionalizar, questionar e buscar o mais adequado... Será? Bom, fico com a primeira parte: questionar já é um bom começo, já que também desconheço o fim...

Não sou adepta da autoajuda. Creio em vínculo terapêutico. Sem respostas prontas...

É interessante observar que alguns anos se passaram, situações "mudaram" e continuamos na estaca zero, décadas no passado, esperando, seguindo rastros.

Independência psicológica não se conquista buscando respostas existentes. Está na capacidade de desafiar os medos inatos e os adquiridos. A fase da imitação passou. Crescemos! É urgente ser e, para que isso aconteça, nosso corpo precisa ir, nossa mente precisa ampliar, olhar sob os ângulos. Buscar respostas prontas é simples, basta dar uma volta nas livrarias. Todas as respostas para ser feliz estão à disposição. Funciona? Máquinas funcionam.

Devem ter lá seus adeptos, devem responder a algumas demandas. Porém, é triste ser colocado num molde e achar "o máximo". Respeito. Para mim, não se aplica. Como mudar o imutável? E quem disse que é imutável?

Estamos altamente treinados, condicionados. Até para adoecer já há espera...

Atentar para si mesmo é saúde. Sem ar de "dica" ou "conselho", que também são tão inválidos quanto as respostas prontas!

Cuidar de si é dar-se a chance de ser inteiro. E, assim sendo, talvez haja uma boa possibilidade de algumas situações serem bem melhores. Vidas! Vividas.

TRANSITÓRIO

Vira fumaça! Ou nuvem. Sobe devagar...

Você se lembra da última vez que partiu? E quantas vezes chegou? Quantas vezes se afastou? Esquivou-se? Fugiu? E quantas vezes o seu maior desejo era ficar ali, morando... Permanecendo nisto, naquilo, naquele, naquela?

Mas quando? Mas a quem? Urgência...

Somos, tantas vezes, visitantes de um instante... Olhando como se passássemos de um dia para o outro em trânsito. Mudando! A razão do tempo; lógico... Cronometrado pelas intensidades que não querem parar nas estações.

Talvez gostemos mesmo é de partir. Estamos sempre partindo. Indo parte de nós para algum lugar. Outro lugar.

Faz tanto tempo! O acaso, o de repente... O surpreendente! Às vezes, um desejo de ontem me invade com a mesma sacralidade com que o vivi. Por vezes, os olhos insistem em fechar, as horas dizem que é noite. Ouço o zumbido do tempo minimizando os maiores, deixando-os pequenos, transmutando os espaços, entrando no trem, responsável por me fazer digerir aquilo tudo que engoli em algum acréscimo de concretude.

Nostálgicos nevoeiros deixam-se ser as coisas que não conseguem ser. Um mundo do nada e do nunca, que lhe baste, por enquanto.

Continuemos a andar, mudemos os sapatos! Tudo é sempre outra coisa! Eis uma mania: estar distraídos, pensando sempre em outra coisa, ouvindo todos os que ouvem. Olhando todos os que olham, perdendo-se para encontrar-se. Ruminando enquanto tantos comem...

E apenas sentiremos, uma vez ou outra, aquela vaga saudade de "não sei o quê", perdidos em algum momento do nosso "não sei quando".

Caminhemos, não em procissão. "Sentados à sombra das doces aparências", talvez! Pulsando por sobre a existência, tempos inteiros, cronológicos, não menos intensos. Gire, transite sobre a sombra de confidências, pleno de sentimentos, por hoje, verdadeiros e que, noutra manhã, podem ser apenas passado, esquecido, replanejado, reformulado...

Voltemos à fumaça! Ou retornemos às nuvens!

... Nada é tão duradouro quanto aquilo que tantas vezes nos soa transitório...

Desfaço malas, não desfaço laços. Perpetuam aqueles que compreendem as distâncias necessárias de um ficar sem pesar, sem um partir.

EU ME LEMBRO, PAI...

Lembra-se daquela vez em que sentamos na varanda de casa, fomos contar as estrelinhas e você disse que ia me dar uma? Eu me lembro, pai! Nossa casa era de tábua, o chão era vermelho, mas brilhava... A cadeira que a gente estava era aquela de fios multicores... Eu me lembro, pai!

Lembra que a gente ficava diante do espelho e você me perguntava: *"Quem é branco?"*. E eu respondia: *"Eu!"*. E você, com sua pele mais escura, perguntava: *"E quem é negro?"*. E eu, quando estava conhecendo as cores, respondia: *"Você!"*. O espelho era pequeno, sua presença grande! Eu me lembro, pai!

Lembra-se daquela música que você cantava quando sentávamos no sofá abraçadinhos? *"Minha florzinha... De abacate. Ô coisinha tão bonitinha do pai..."*. E a música era só isso, mas o seu timbre eu guardo até hoje, inconfundível... (suspiro). Eu me lembro, pai!

Aos domingos, eu corria para sua cama de manhã e dormia entre você e a mãe. O dia amanhecia quieto. A mãe se levantava e nós ficávamos *1, 2, 3 e...* (umas 30 vezes até conseguirmos nos levantar!). A nossa brincadeira era ficar brincando de levantar... Lembra, pai?

Quando eu aprendi a tocar violão, você se lembra da música que cantávamos? *"Meu ipê florido, junto à minha sela... Hoje tem altura da minha janela!"*. Eu tirava todas as músicas de que você gostava para, aos domingos, cantarmos juntos. Eu me lembro, pai!

Lembra-se de quando, aos finais de semana, seus amigos (que, hoje, estão tão longe de você) iam nos visitar? Você os fazia rir. Imitava vários personagens... (risos). Como eu me pareço com você! Herdei seu humor, suas "tiradas" engraçadas... Como eu me lembro, pai!

O tempo passou! Eu cresci... Fui viajar, cantar por aí... E você continua sendo *"meu neném", "meu preto", "meu menininho"*! Ah, pai... Como eu sinto saudades de ser criança só para você brincar comigo! Daria a vida por você e como foi dolorido vê-lo adoecer! Eu viraria o mundo para que você ficasse vivo! Você, homem forte, venceu! Eu não me esqueço, pai... Nunca, de nada... E de tudo que seu carinho me fez ser! Hoje você é calado, nem sei, ao certo, o que se passa dentro de sua alma... Sabia que, quando a gente cresce, os pais nunca deixam de ser nossos heróis? Eu sei pai, independentemente do seu dentro, você nunca vai deixar de ser meu herói.

Nunca se esqueça, pai, você para mim é sempre, é dia a dia, é saudade mesmo presente, é falta quando passo dias fora de casa e você está me esperando sempre no portão. Lembra, pai? Você me prometeu que sempre esperaria... Eu volto, pai... Eu volto!

PERTO DO FUTURO... HOJE

Qualquer que seja o fim, será sempre doído. Um fim supõe algo que, por vezes, durou anos e envolve sentimentos, pensamentos, lembranças... É mais doído ainda quando está cheio de angústias, mentiras, traições e leva por "água abaixo" os sonhos, projetos... Um fim leva ao amanhã, tão temido, tão escuro!

O começo é como uma bela realização, o que movimenta a vida das pessoas, que faz vibrar, crescer. E todos deveriam ser alicerçados em algo, os que não o são, depois de anos, vão acabar desestruturados! No fim...

Faz-se necessário um recomeço, o perdão, quando se perde o respeito, a cumplicidade, a vontade...

Tais fragmentos de mim são, na realidade, fatos pelos quais todo e qualquer ser humano passa! O fim para um novo começo! Principalmente, depois de todo o escutar, compreender... Termina-se justificando em palavras tudo que não se fala, o que não se ouve, não mais se sabe...

Pergunto-me: por que as situações não poderiam acabar melhores do que começaram? Por que aquelas pessoas que amamos durante anos têm que sair das nossas vidas tão manchadas? Por que um sentimento de poder, ambição, paixão, pode mover as pessoas a ponto de destruir estruturas tão sagradas que foram concedidas por alguém maior que nós? Por que as pessoas ficam tão cegas e acabam levando consigo outras que não mereciam o abismo?

Tudo seria tão diferente se realmente lutássemos a favor do individualismo entre os povos, cada um se preocupando com a sua vida, e nada com a do outro! Mas não é assim a nossa cartilha. Esta ensina a nos amarmos como Cristo nos amou, ensina a partilharmos com outro um dom, ensina a conviver, a partilhar, a unir nossas vidas e, por vezes, toda essa comunhão se torna o maior de todos os tormentos!

Qual seria, pois, a resposta para todas as dores? O fim? O começo? A resposta poderia ser o meio, e este não deixaria de ser sofrido!

Quando nos entregamos de corpo, alma, coração e vida para algo, nunca vamos aceitar que aquilo termine. Nunca vamos entender por que o ser humano tem o dom de construir e destruir tão facilmente. A capacidade criativa de se transformar é tamanha que se tornaria ponte se soubéssemos ser na prática sujeitos de construção.

Mas... As pessoas continuam destruindo, cegas... Ou não... Destroem e levam consigo aquilo que nos pertence. Levam... E o futuro que se encarregue de nos ensinar a dar novos passos. Que o movimento da vida nos ensine a amadurecer e a sentir diferentemente depois das perdas.

Doer menos, sanar, tapar os buracos da alma... Não com compensações, mas com verdades. Isso pode ser o amanhã e, enquanto ele não chega, vivamos o fim, porque é ele que move os poetas e as melancolias. É ele que move meus dedos para partilhar a dor de um fim que nem mesmo sei se conseguirei encarar como a morte para nova vida!

Depois do fim, voltarei para contar. Se não voltar, é porque eu ainda não aprendi a arte de viver!

ALÉM-MAR

Da janela, eu vejo escorrer os pingos para matarem minha sede. Estão do outro lado da rua escorrendo entre os meios-fios. Não possuem lugar certo para caírem, apenas seguem o curso. São pequenos e se enfurecem. Podem arrebatar e colocar abaixo uma "cidade". Uma fúria, não só da natureza, mas profundamente capaz de ser humana em nós. Há de se ter um pouco de agressão em cada qual. Não dá para viver a paz na apatia. Os apáticos são como o cloro e tiram a pureza da água. Por ora, prefiro os que seguem seu curso, pingos nus. Seguir o curso me soa como comodismo, mas qual seria o outro caminho, a não ser esparramar-se pelo chão?

Da mesma janela, eu ouço o tempo, melodioso e tortuoso. Causa-me indigestão, um silêncio que me cobra a hora de levantar, ou causa-me desejo o som do balancear das árvores. De onde veio esse pássaro? Das rochas nos arredores? Voe e me leve no bico. Quero ser uma carta, não de versos poéticos, mas de realidade. Não de amores, mas de sabores. Rasgo, reparto minha alma ao meio... Entrego-lhe.

Não quero guarda-chuva, quero molhar o rosto. Sentir na pele a suavidade da vida que me leva sem que eu possa levá-la. E, não me cabe levá-la. Não quero ser direita nem esquerda e, muito menos, parada obrigatória.

Continuo sentada. O vidro me impede de estar no outro canto da rua. Construí muralhas entre mim e o outro lado. Talvez os mesmos pingos virem lama e as derrubem. Até lá, já terei construído várias outras. A vida é uma sucessão de construções que, por ora, estão calcadas em conceitos. Entretanto, necessitaremos mudar o rumo para sermos quem somos? Talvez seja uma boa descoberta da maturidade a possibilidade de resgatarmos a nós mesmos de alguma esquina quando os pingos nus deformarem nossa face, deixando-a com a espessura de uma rua.

Em menos de minutos, já não correm mais pingos. Morreram. Não voltam.
Os que voltarem serão "novos".

É tempo de transvalorizar. Transcender.

Começar tudo de novo.

Dúbio? Contraditório? Que assim seja!

PESSOAS QUASE

Estamos aprendendo, por vezes, engatinhando sobre conceitos culturais, regras... Imagine sobre pessoas! Somos um emaranhado de conflitos. Há dias em que estamos bem, sentimos saudades, amamos, queremos ser notados. Noutros, queremos ser uma ilha, invisíveis, afastando-nos de todos aqueles que nos cercam, escondendo-nos de nós mesmos... Não existe manual para lidar com pessoas...

Não gosto da ideia de andar armada, mas é inevitável. O relacionar-se pode levar à humilhação, à exposição... Pode gerar um sentimento de decepção seguido de indignação. Ou pode ser o oposto. Devemos, com a percepção da vida, observar o que tais relações nos causam, pois são sempre surpreendentes, sejam elas de longe ou de perto. Em até certo grau, possuímos nossa autossuficiência, prepotência, nossos elementos narcísicos, nossas confusões e imaginações, algo que também observamos no outro, nos outros... Mas, o pior de todos os males é a nossa dificuldade de aceitar nossas próprias verdades. Estamos em uma linha tênue entre o normal e o pontilhado. Trazemos conosco potencialidades e características únicas, o que nos torna únicos, sem igual. Importa é termos a capacidade de não julgar o outro, de não apontar... Observar o ser humano é uma arte...

Interessante é quando em nós e nos outros, em algum momento, somos quase, ou perecemos no quase...

Percebamos os que quase se formaram, quase terminaram um curso, quase casaram, quase namoraram, quase fizeram errado, quase nos conheceram, quase foram ao show da vida deles, quase se converteram, quase foram morar em outro país, quase viajaram para o lugar dos sonhos, quase realizaram um fato inesquecível, quase souberam lidar com uma situação, quase aprenderam a tocar um instrumento, quase moraram sozinhos, quase foram a um karaokê, quase beberam, quase tiveram um filho, quase gastaram muito, quase passaram fome, quase foram a um parque de diversões, quase gritaram no pico de uma montanha, quase fizeram natação, quase fizeram história, quase...

Alguns "quase" passaram e não voltam mais... Outros "quase" talvez estejam a tempo de serem fato! Não por medo, por receio... Encare o que você é... Quase falta pouco... Sabemos o que nos agrediria como pessoas, o que nos faria andar por caminhos errados, mas somos livres para realizar aquilo que palpita forte em nós... Que seus "quase" não sejam atos de irresponsabilidade, mas um grito de sua alma para algo que você espera realizar...

O tempo é hoje...

A MENTE

Olho pela fresta da janela, o vento bate... Traz consigo um sonho jamais sonhado, uma luz que há tempos havia se apagado. Está escuro e traz claridade. Paradoxal.

O vento insiste em trazer aquele algo, mas não é meu verdadeiramente, aliás, o que é meu senão meus pensamentos? Há algo mais que me pertence?

O tempo escolhe as possibilidades, ou nós as escolhemos?

Pode o amor se sustentar por si só? O que o sustenta? Palavras? É preciso de algo mais para mantê-lo, torná-lo fecundo?

Mesmo que revestido de dor, o amor depende de um querer, um desejar, e lá estão os amados e os amantes... Os sonhadores.

Para que falar, se posso apenas sentir? O sentimento é!

Não nos pertence, não sabemos lidar com ele. É involuntário, mexe e remexe naquilo que estava no escuro daquela janela. Não o procurei. É abstrato, não tem respostas, apenas perguntas.

O sentimento é! Simples assim...

Não importa o lugar. É indiscreto!

Não importa quem. É inconsequente!

O "nada" se sustenta por si só, o amor não. Mensurar amor é estar imerso ao tudo e ao nada. Um caos: apenas intui.

Levo-me a intuir e, assim, busco em algum lugar aquilo que em mim não se sustenta.

Ditados têm sentido? Sim, conforme o senso comum, e para alguns. Regras já não sei... Vamos começar tudo de novo?

Um eu que se julga imune às rugas, invulnerável e imortal, perde sua vida olhando para si, não percebe que o narcisismo é sua própria morte.

TALVEZ

Pesos na mesma medida: o medo e o desejo!

Eu tenho tempo? Talvez tenha alguns segundos que passam correndo por mim e, se eu fracassar, nada mais me dará outra possibilidade. Nem sempre se ganha, nem sempre se perde. Afinal, o que é perder? Perder, ter... Por que me invade uma tortuosa sede de ter? Não, nada material. Apenas é um ter que está impresso no passado, projetando um presente, um modo de não mais partir. Há tantas partidas, pedaços no caminho... Onde estão os pedaços perdidos, sem tempo de resgate? Não quero mais.

Cansam-me alguns... E tão rápido passam. Vão juntando-se às pedras, aos restos de mim. Onde me encontro hoje? No ar. Não me pertenço, por ora. Deixo-me levar pela estranha vontade de não ir. E, aonde quer que eu vá, em mim está a sede de ter novamente... Preciso arrancar de mim as algemas que me impedem. Algemas de alienação, de tantas faltas de possibilidade ou de uma infinitude delas que preferi não olhar.

Também sou uma falta de possibilidade. Quimera minha intuir que seria a única a sentir isso. Sempre passando, nada ficando, gerúndios... Desapegando-me do que me apegava, pleonasmos. Ia... Eu fui seguindo, seguindo. E parei. Avistei. Não tive gana de conquista. Não a tenho.

Quantos eu vi? Para quantos fechei os olhos? Não quero passividade. Não pertence a mim. Quem sou eu? Uma história... Realidade. Cansei de ser representação. Cansei de olhares que nada veem além de mim. Sou apenas o que projetam em mim? Isso sufoca. Tira-me o ar. Eu me vejo e estranho-me. Até quando? Vou correr léguas que o hoje me permite.

Não. Não tenho coragem! Palpitam-me as entranhas. Eu vou, eu volto e não saio do lugar. Libertar-me! De quem? Sou presa a mim mesma, covardia...

Sou presa ao que escolhi, sou presa! Presa fácil. Difícil é ter-me. Difícil é ser inteira. Não existe completude. Sou metade. Não espero nada de mim. Nem do tempo. Virei a página... Continue!

SE

(...)

Se lhe fizer promessas... Esqueça!

Se disser que amo... Isso passa!

Se falar que é para sempre... Não acredite!

Se construir um castelo e colocá-lo dentro... Deixe a porta aberta!

Se cantar para você... Existem outras canções para outros tantos!

Se houver intensidade... Haverá também a falta dela!

Se eu disser sim... Diga-me não!

Se o contrariar... Contrarie-me!

Se faltar ar... Acuda!

Se me julgar/apontar... Prove!

Se o decepcionar... Devo ter decepcionado muitos!

Se sorrir... Pode ser de ironia!

Se inventar... Deixo o tempo dizer!

Se aumentar... Um dia diminui!

Se me sentir ausente... Seja presente!

Se estiver inquieta... Aquiete-me!

Se acreditar em contos de fadas... A história é sua!

Se eu mentir... Duvide!

Se omitir... Respeite!

Seu eu falar... Argumente!

Se calar... Fique à vontade!

Se errar... Corrija-me!

Se brincar... Só ria se tiver graça!

Se eu olhar... Desvie!

Se eu desviar... Encare-me!

Se eu me afastar... Não me procure!

Se...

Só se sabe o outro quando conhecemos a necessidade de deixá-lo ser.
Se...

DERIVA.

Uma dor que só sabe quem sente, eis que o tempo não mente... Uma alegria dolorida de não saber sentir. Eu fiquei... Alguém partiu! Qual é o bonde e o seu destino? Pois bem, é noite de 24 de dezembro. Sim, e, estou aqui, ali, onde quiser me colocar. Não imagine! Perde-se muito tempo só imaginando. Não pedi nada em especial esta noite, afinal, devo agradecer. Sem Papai Noel, sem ilusão, mas com a certeza tão incerta de mais um dia. Mais uma noite... Entre tantas. Um gosto doce amargo de dormir na véspera

Um corpo cansado de tantas esperas. Estação da luz... Permito-me sentir, escrever, transpirar... Também me permito relembrar. Não vejo as bolas coloridas enfeitando árvores. Algumas luzes apenas brilham por detrás de alguma janela. O brilho está onde eu não posso ver. Consiste na minha busca.

Eu sou da realidade e do sonho. Aqui onde o arroz é branco e não fica amarelo com o tempo. Eu tenho raiz. Para além das estrelas no topo das árvores. Os barulhos de fora não perturbam, os internos continuam aqui, mas hoje pedem para cessar... Apenas hoje!

Quero ser do silêncio. Sem palavras com a força de um sobressalto sobre tudo que me desorganiza. Faço meu olhar transbordar. Que os desencontros e os sorrisos insossos não impeçam ou parem minha caminhada, apenas me motivem a continuar. Alguns sorrisos ternos e eternos partiram da minha estrada, sem resgate. Os retratos da lembrança são de outro mundo. Perdi algumas oportunidades, ganhei outras. Já voltei ao começo ao errar... Talvez eu veja algumas coisas tarde demais, outras muito cedo. Fui covarde em partes, corajosa noutras. Desconstruí-me, reconstruí-me, mas ainda não reinventei o tempo. Em todos os dias houve linhas, algumas em branco... Só o tempo desnuda e, por vezes, já sabemos se haverá um fim. Um amor hoje, outro amanhã. Um "eu te amo para sempre" hoje, outros daqui a dez anos...

Outros passos, outras pessoas... Outros/outras. Viver a vida apaixonadamente...

Fiquei no cais. O navio naufragou! Eu que mais temo a esperança, mais a tenho. Criança pirracenta com a vida. Como administrar percentuais de perdas e ganhos? Afinal, o que é a vida, senão o preço daquilo que deixamos passar despercebido ou que fechamos os olhos para não ver passar? Ah... Não há dor mais doída do que a percepção daquilo que deixamos de perceber.

Para tantos e em tantos lugares... Minha alma partiu, partiu-se em mil. Só saudade de um tempo que não foi e, principalmente, daqueles em que eu perdi a grande oportunidade de saber e de sentir os sabores.

Em alguns, eu respiro, noutros, transpiro, inspiro. E qual é minha obra? Aquela obra primeira? Eis aqui uma vida... Recolhendo cacos, refazendo alguns pedaços.

UM FIM, UM MEIO

Sofrer é próprio da condição humana, assim como outras emoções. O que diferencia é como o dignificamos.

A tristeza é um sentimento universal, assim como a alegria, entretanto, com uma pequena ressalva: você já refletiu sobre quanto tempo dura um momento de tristeza e quanto dura um momento de alegria?

Lidar com a capacidade de uma noite durar 365 dias em 12 horas. Estas não passam, o dia é madrugada. Um abismo. Insônia...

A tristeza e o sofrer dos poetas, dos compositores, cantores, da arte. Quem mensuraria? Aquele olhar que possui um universo em mistério, um sorriso que se traduz em dentes e, no interior, são gotas de uma dor que não se mede...

Aquela dor é intocável, principalmente, quando nos deparamos com o "para sempre", com o indeterminado...

Sem tempo, sem alento... Sem consolo...

O amor daquele que ama sozinho, daquela dor incalculável de quem está longe, daquele que não toca, não olha...

Minhas palavras não alcançam...

Sabe-se lá se a tristeza se traduz em palavras. Se elas contêm a essência absoluta de algo que mói cada órgão vital de nossa alma...

A solidão... Nem ouso tentar definir o vazio daquele que não tem previsão de voltar. Que apenas foi...

Amor. ___ Tristeza & alegria... Gêmeas?

A dor chega sem ser chamada, sem grades... Sem resistências! Deixa-nos em reticências...

Quem conseguiria ou ousaria traduzir esta viagem em nossos escombros? Em nossa dor mais doída?

Adentrar naquilo que em nós tira a luz, que é escuro e nos faz viver 20 anos... Fugir? Nós... Pequenos, ínfimos...

Eis a alma entristecida, armados com a vida, cinza! Amputando os sonhos, construindo os muros... O que, por ora, me desmorona, outras vezes me edifica.

Maturidade de vida?

Em momentos de intensa tristeza, tive a capacidade de me olhar no espelho!

Meus traços se transfiguraram. Abri as páginas do meu livro: minh'alma em meio minuto!

Eis a minha fraqueza, eis quem sou!

Agora estou pronta para adormecer e conviver com o tormento de que amanhã poderá doer menos... (...)

Descrer do amor? Como? Se eu pudesse voltar no tempo, mudar alguns caminhos, reinventar-me... Se eu descrer um dia, será por não ter entendido o porquê de estar tudo revirado. Para amar é preciso uma boa dose de coragem e, ter a predisposição para errar.

Viver é o dom de recomeçar, sem sentir-se fracassada... Um verdadeiro desafio.

REDONDO

Em tantas idas e vindas durante os anos de estrada e céu, por vezes, olho pela janela do avião e contemplo: quanto mais alto estou, mais azul vejo!

Interessante é o paradoxo, quanto mais terra somos, mais nos aproximamos do céu. Não vejo Deus apenas no azul do mais alto, mas nas realidades que visito, nas pessoas que posso olhar aqui, no chão firme dos meus dias.

O céu tem um "quê" de não palpável. É a própria transcendência... Um além- mar, inalcançável, sem fim. A terra é o caminho, são as escolhas, as setas, as placas, os nomes, os rostos, o finito.

Por mais que falemos e/ou almejemos o eterno, pisamos diariamente no chão das nossas finitudes, nas pessoas que partem, nos olhos do nunca mais, nos dias que passam lentos ou intensos. Esses deixam em nós a sensação de infinito, mas sabemos o quanto nossos traços, nossa pele, nossos palpáveis são passageiros.

São possibilidades frágeis, mas que conseguem ao menos o olhar e, por segundos, ser céu.

Complexo o mistério do existir sabendo de um não mais... Porém, não temos escolhas. Somos realidade. Tornar-nos-emos eternos se tivermos fé naquilo que está para além do explicável.

Por vezes, deixamos de viver algumas situações pelo fato de não querermos sofrer mais ainda quando elas, simplesmente, não existirem. Sofremos pelo que ainda não passamos, pelo medo de não ter mais. Sim, somos apegados, uma covardia pelo "não sei", um medo do abismo, medo do... De...

A dor da saudade pode ser mais dolorida do que um "não vivido". Não sentiremos saudades (ou sim) de algo que não provamos. Mas, calculamos os riscos. Ora, passaremos pela sensação do imaginado, das nossas fantasias, que são, também (e tanto quanto), finitas.

Pois bem, nossa eternidade é finita. Há quem fale de eternidade como uma página virada, como uma tensão seguida de ansiedade de ser para sempre.

Há tantas definições, conceitos, fundamentos que, com o passar dos dias e com o correr da vida, tomam proporções apenas de um aprendizado que, na prática, é tão distinto.

Linha tênue entre o céu e a terra, alcançada pelos pés dos nossos sonhos, vividos, revirados em numa realidade talvez insana...

www.ingramcontent.com/pod-product-compliance
Lightning Source LLC
LaVergne TN
LVHW060337200726
843506LV00008B/539